W0109367

Kohlhammer

Herbert Selg

Sigmund Freud –
Genie oder Scharlatan?

Eine kritische Einführung
in Leben und Werk

Verlag W. Kohlhammer

Die Deutsche Bibliothek – CIP-Einheitsaufnahme

Herbert Selg:
Sigmund Freud – Genie oder Scharlatan? :
eine kritische Einführung in Leben und Werk / Herbert Selg.
– Stuttgart : Kohlhammer, 2002
   ISBN 3-17-017369-3

Alle Rechte vorbehalten
© 2002 W. Kohlhammer GmbH Stuttgart
Umschlag: Data Images GmbH
Gesamtherstellung:
W. Kohlhammer Druckerei GmbH + Co. Stuttgart
Printed in Germany

Vorwort

Es gibt gewiss schon viele Bücher über Freud, unkritische und kritische. *Unkritisch* ist die offizielle Biographie von E. Jones.[1] Man darf sie getrost als „Hagiographie" einstufen, d.h. als „Heiligenbeschreibung" und recht erfolgreichen Versuch einer Legendenbildung.

Aber es gibt auch schon relativ lange *kritische* Texte über Freud; dafür stehen Autorennamen wie Ellenberger, Eschenröder, Eysenck, Israels, Masson, Perrez, Pohlen & Bautz-Holzherr, Schweighofer, Sulloway, Zimmer und andere. Von R.W. Clark gibt es eine sehr ausführliche und gut lesbare Biographie über Freud, die manchmal auch kritisch ist.

Wozu dann noch diese „kritische Einführung"? Weil etliche der soeben genannten Autoren (z.B. Sulloway) ein so umfangreiches Werk vorgelegt haben, dass es viele Interessenten abschreckt; andere Wissenschaftler (z.B. Pohlen & Bautz-Holzherr) haben einen Text verfasst, der nur Fachleuten verständlich ist. Wieder andere haben sich ganz bewusst und gezielt auf einen einzigen Fall (z.B. Schweighofer) oder wichtige, aber enge Aspekte beschränkt (z.B. Perrez); sie wollen und können nicht die Fülle der Schwächen in den Arbeiten Freuds andeuten.

Mein Ehrgeiz war es, einen relativ *kurzen* und zugleich möglichst allgemein *verständlichen kritischen* Text zu schreiben, der sogar von „Freud-Anfängern" gebraucht werden kann. Er ist als Teil einer Vorlesung über Freud entstanden und soll einerseits knapp in sein Leben und Werk einführen und andererseits die Vielfalt möglicher Kritik anreißen. Die beiden bekanntesten Falldarstellungen aus der Geschichte der Psychoanalyse bilden jeweils einen Schwerpunkt: Das sind die Krankengeschichten von „Anna O." und vom „Wolfsmann". Ich kann natürlich denen nur wenig Neues vermitteln, die schon viel über Freud und über die Stärken und Schwächen seiner Lehre wissen.

Die Psychoanalyse ist keine einheitliche Schule mehr; sie hat sich ausdifferenziert. Dennoch geht mein Text über Freud (fast) nicht hinaus, schon allein deshalb nicht, weil seine wissenschaftliche Ausstrahlung weitaus größer ist als die all seiner Nachfolger und Nach-folgerinnen – und weil alle wesentlichen Thesen der Psychoanalyse auf Freud zurückgehen.[2]

Natürlich bin ich etlichen Personen zu Dank verpflichtet. Ich nenne hier ihre Namen nicht, verspreche aber, meine Pflicht nicht zu vergessen.

Inhalt

Inhalt

1 Sigmund Freud – Herkunft, Kindheit, Jugend

Sigmund Freud, der Begründer der Psychoanalyse, wurde am 6. Mai 1856 in Freiberg (tschechisch Pribor) geboren. Dieser Ort im Nordosten Tschechiens, der nicht sehr weit von der Oderquelle entfernt liegt, gehörte damals zu Österreich-Ungarn. Der Neugeborene erhielt den Vornamen Sigismund; als junger Mann änderte er diesen Namen, weil er allzu oft in Judenwitzen benutzt wurde, zu Sigmund ab; später ließ er sich in der Familie gern „Sigi" nennen.[3]

Freuds Eltern kamen aus dem Osten, aus ehemals polnischen Siedlungsbereichen, die jetzt in der Ukraine liegen. Sein Vater Jakob war ein sog. Wanderjude, der vom Kleinhandel mit Tüchern, Honig etc. lebte. Jakob war nicht religiös und hatte bereits zwei erwachsene Söhne, als er 1855 Amalie Nathanson heiratete, die aus etwas besseren Verhältnissen kam und als strenggläubig beschrieben wird. Sie war 20 Jahre jünger als Jakob und dessen dritte Frau.[4] Auf Sigmund folgten sieben weitere Kinder. Man lebte ärmlich und hatte z.B. lange Zeit nur ein einziges Zimmer für die ganze Familie. Es ist wahrscheinlich, dass Sigmund in diesem Zimmer das miterlebte, was er später „Urszene" nannte und dem er große Bedeutung beimaß: nämlich elterlichen Geschlechtsverkehr. Nach Freuds Meinung verstehen Kleinkinder nicht, was da zwischen den Eltern abläuft; sie interpretieren das Verhalten des Vaters als Aggression gegen die Mutter, was für das Kind oft traumatische Folgen haben soll. Es wird dem kindlichen Augenzeugen also – nach Freuds umstrittener Lehre – eine seelische Wunde zugefügt, die schon deshalb nur schlecht verheilt, weil das Kleinkind noch „sprachlos" ist und sich nicht mitzuteilen vermag. Freud meinte, im späteren Leben könne es dann Erlebnisse geben, die ungünstig an die „Urszene" erinnern und zu Entwicklungsstörungen führen.[5]

Eine seelische Wunde, die der kleine Sigmund tatsächlich erlitt, geht auf eine Frau M.Z. zurück, die als seine Kinderfrau bezeichnet wird. Er nannte sie seine „Lehrerin in sexuellen Dingen", und man mag die vage angedeuteten Erlebnisse mit ihr aus heutiger Sicht als „sexuelle Misshandlung" einzustufen geneigt sein. Die Frau wurde bald wegen kleiner Diebstähle entlassen. Marianne Krüll glaubt,[6] dass Freud aus diesen Episoden den wichtigen Eindruck gewann, Sexualität sei bedrohlich und werde bestraft …

In Freiberg ereignete sich ein weiterer Vorfall, der (vielleicht) für die spätere Theoriebildung Freuds bedeutsam wurde: Wie sein Vater irgendwann schilderte, wurde er einmal von einem Christen gedemütigt, der ihm u.a. die Mütze vom Kopf schlug. Jakob Freud hob – ohne Gegenaggression – die Mütze wieder auf. Das schmälerte Sigmunds Respekt vor seinem Vater sehr; er hätte sich einen aggressiven, starken Vater gewünscht. Gute Sachkenner sehen darin ein Ereignis, das zunächst zur Verachtung des Vaters führte, später aber in Freuds Ödipustheorie einging, die bei jedem kleinen Jungen eine heftige Liebe zur Mutter und eine starke Abneigung gegen den Vater annimmt.

Die oben skizzierte Umwelt im provinziellen Freiberg (Pribor) war wahrscheinlich nicht nur antisemitisch, sondern auch antideutsch. Bedeutsame Details sind dazu aber nicht überliefert.

Als Sigmund drei Jahre alt war, zog die Familie nach Wien um, in eine Weltstadt also, die eine Hochburg des Antisemitismus war. Über die Gründe des Umzugs und eines längeren Zwischenaufenthalts – in Leipzig – wird gerätselt. Gab es in der Familie eine große Krise? Gab es „Beziehungsprobleme", also Liebeleien zwischen Amalie und ihren erwachsenen Stiefsöhnen, die dann nach England emigrierten? Krüll schreibt,[7] Freud habe damals in seiner Familie erlebt, was ihm später zu einer wichtigen These wurde: dass Söhne dem Vater die Frau (hier: ihre Stiefmutter) streitig machen.

Es ist auch unklar, wovon die Familie lebte. War Jakob immer noch Kleinhändler? Gewisse Berichte nähren die Spekulation, er habe Falschgeld verbreitet. Seine beiden nach England ausgewanderten Söhne sollen dabei eine Rolle gespielt haben. Jedenfalls wurde sein Bruder Josef 1865 wegen dieses Delikts verhaftet; und der Name „Freud" stand wegen eines Falschgeldprozesses in den Wiener Zeitungen.

Wenden wir uns davon und von den möglichen Spekulationen ab und wieder dem Kind zu: Der Junge durfte in Wien aufs Gymnasium und erfuhr dort eine klassische, altsprachliche Bildung. Er war ein hervorragender Schüler, begabt und fleißig – und wurde Klassenbester. Auffallend war u.a. sein Interesse an Kriegshelden wie Alexander dem Großen, Hannibal, Napoleon. Ein Freund der Musik war er nie; als kleiner Familientyrann setzte er es durch, dass ein Klavier abgeschafft wurde, auf dem seine Schwestern spielen wollten.

Mit etwa 16 Jahren muss Freud ein gut aussehender „Jüngling" gewesen sein, der Selbstbewusstsein ausstrahlte. Er berichtete später nur spärlich über seine Jugend; vielmehr vernichtete er schon früh Dokumente (Briefe), die Auskunft über diese Zeit geben könnten. So erfährt man wenig über seine Freunde, noch weniger über Verliebtheiten. Einmal – mit 16 – hatte es ihm wohl ein Mädchen namens Gisela Fluß angetan, vielleicht aber schwärmte er noch mehr für ihre Mutter.

1873 bestand er glänzend das Abitur. Besonders gut waren seine Leistungen in Deutsch; der hervorragende Stil seiner späteren Veröffentlichungen kündigte sich offensichtlich bereits damals deutlich an.

2 Sigmund Freud als junger Erwachsener

2.1 Medizinstudent, Soldat, junger Arzt

Sigmund Freud studierte Medizin, wahrscheinlich nicht aus einem Helfersyndrom heraus; eher suchte er in ihrem Bereich die naturwissenschaftlichen Komponenten. Ein hoher Ehrgeiz zeichnete ihn aus. Darwin war ihm ein leuchtendes Vorbild; später stellte er sich mit Darwin und Kopernikus auf eine Stufe. Er wollte Gelehrter werden, „ein Professor oder dergleichen", wie er einem Freund schrieb. Sein Studium dauerte relativ lange, und die Aussichten auf eine Forscherlaufbahn waren ziemlich schlecht.

Unter seinen Interessen in dieser Zeit sind philosophische Neigungen nicht zu übersehen. Er besuchte einschlägige Vorlesungen, u.a. von Franz Brentano, der über das Unbewusste arbeitete. Das sog. Unbewusste war schon zuvor in Wien geradezu ein Modethema gewesen – dank Eduard von Hartmann, der 1869 eine mehrbändige „Philosophie des Unbewussten" veröffentlicht hatte. Das ist insofern wichtig, als sich etwa 50 Jahre später das hartnäckige Gerücht bilden wird, Freud habe den Begriff des Unbewussten geschaffen. Der Satz „Der Schlüssel zur Erkenntnis des bewussten Seelenlebens liegt im Unbewussten" stammt jedoch nicht von Freud, sondern von C.G. Carus (1789–1869).[9] Der erste Erfolgsautor zum Thema „Unbewusstes", Eduard von Hartmann, gilt vielen Kritikern aber nur als Popularisierer der Philosophie Artur Schopenhauers.[10] Tatsächlich nahm Schopenhauer manches von dem vorweg, was man inzwischen oft als „Schöpfung" Freuds ansieht: Bedeutung des Unbewussten, Betonung der Sexualität, Bisexualität, Lust-Unlust-Prinzip, Verdrängung, Sublimierung, Rationalisierung, Gedanken zu einem Todestrieb ...[11]

Freud gab die Anregungen, die er durch Schopenhauer erfahren hatte, übrigens 1917 auch noch zu und nannte Darwin, Kopernikus und Schopenhauer als die drei Genies, welche den Narzissmus der Menschheit gekränkt hätten. Inwiefern gekränkt? 1. Nach Kopernikus standen nicht mehr die Erde und der sie bewohnende Mensch im Mittelpunkt der Welt, vielmehr war die Erde als Satellit der Sonne erkannt. 2. Darwin hatte den Menschen aus seiner Vorzugsrolle, die ihm der jüdisch-christliche Schöpfungsmythos zubilligte, herausgenommen und ihn in eine Entwicklungsreihe mit den anderen Lebewesen gestellt. 3. Schopenhauer vertrat die Ansicht, dass das Ich nicht der Herr im eigenen Hause sei; dort herrsche vielmehr „das Unbewusste". Diese drei großen „narzisstischen Kränkungen" erwähnte Freud später noch mehrmals, aber zunehmend „vergaß" er, Schopenhauer zu nennen, und er verwies auf sich selbst bzw. die Psychoanalyse als Urheber der 3. Kränkung. Auch als „Kolumbus der Seele" sah sich Freud. So „malte" er ein Selbstportrait, das einigen Anhängern heute noch als zutreffend gilt. In geradezu detektivischer Arbeit mussten später die Einflüsse von Schopenhauer (und Nietzsche) auf Freuds Lehre wieder aufgedeckt werden.

Soviel vorweg zur Philosophie Freuds, d.h. zu seinen philosophischen Interessen in der Studienzeit.

Was vielleicht überrascht: Der Biograph Clark bescheinigt dem jungen Mann einen „Mangel an Interesse für Frauen."[14]

Bereits als 20-Jähriger erhielt Sigmund Freud 1876 einen ersten Forschungsauftrag mit Stipendium in Triest. Objekt der Forschung waren die Hoden des Aals; 400 Aale wurden seziert. Mit etwas Ironie kann man sagen: Hier kam Freud erstmals seinem späteren Hauptarbeitsgebiet, der Sexualität, recht nahe. 1877 wurde Freud in Wien „Schüler" des anerkannten Physiologen Ernst von Brücke. Dort traf er Josef Breuer, den Freud später – allerdings nur vorübergehend – als den eigentlichen Begründer der Psychoanalyse nennen wird, bis er es vorzog, auch diesen Ruhm für sich allein in Anspruch zu nehmen.

Bei von Brücke konnte Freud seine naturwissenschaftlichen Kenntnisse erweitern. Freuds Arbeit über Nervenzellen im Rückenmark bestimmter Tiere war ein Beitrag zur Bestätigung Darwin'scher Thesen. Bald darauf experimentierte Freud mit Nerven der Speicheldrüsen von Hunden.[15] Er war unsicher, ob sich diese Arbeit lohnte; er wollte bei dem Thema nur bleiben, wenn ihm kein anderer den Ruhm nahm, auf diesem Gebiet der erste zu sein. Auch das begegnet uns merkwürdig oft: Freud wollte nicht als zweiter ein Problem angehen; er wollte Alleinentdecker sein.

Bevor es dazu in irgendeinem Bereich kommen konnte, musste Freud zunächst einmal zum Militär. Dort langweilte er sich, konnte aber die Zeit sinnvoll verbringen, als er nach einem Vorschlag Brentanos ein Werk des englischen Philosophen John Stuart Mill übersetzen durfte. Mills Aussagen behagten Freud nicht immer: Mill war ein früher Verfechter von Frauenrechten; Freud hingegen schrieb seiner Verlobten (Martha Bernays) einmal ohne Umschweife, die Stellung der Frau sei es, „in jungen Jahren ein angebetetes Liebchen, und in reiferen Jahren ein geliebtes Weib" zu sein.[16] Das Wort

„Weib" war im 19. Jahrhundert noch nicht abwertend gemeint; aber es ist nicht zu übersehen, dass hier die Frau wenig schmeichelhaft vom Mann her „definiert" wird.

Nach der Militärzeit promovierte Freud in Wien glanzvoll (1881). Bei den Prüfungen konnte er sich u.a. auf sein sehr gutes Gedächtnis verlassen.

Anschließend übernahm er kleinere Jobs in verschiedenen Instituten. Seine finanzielle Lage war nicht rosig. Er musste sich Geld bei Freunden leihen. 1882 beschloss er, die wissenschaftliche Laufbahn aufzugeben und Arzt zu werden. Er hoffte, so mehr verdienen zu können; denn er brauchte Geld aus einem sehr einfachen Grund: Er war in Martha Bernays verliebt und wollte sie heiraten. 1882 hatte er sie kennengelernt, als sie bei seinen Schwestern in Wien zu Besuch weilte. Sie war Hamburgerin und stammte aus einer tiefgläubigen, vornehmen jüdischen Familie – und löste bei Freud Liebe auf den ersten Blick aus. Sein Werben wurde erhört; nach wenigen Wochen verlobte das Paar sich heimlich; man befürchtete wohl Widerstände der Familie Bernays gegen eine Verbindung, da Freud sowohl arm als auch ungläubig war.

Über seine Beziehungen zu Frauen vor Martha gibt es kaum Informationen, über sein Sexualleben noch weniger. Der Mann, der das Reden über die Sexualität stark befördert hat, schwieg sich über seine eigene Sexualität weitgehend aus, was mit Respekt angemerkt sei.

Freud arbeitete einige Jahre (1882–1885) in einem Wiener Krankenhaus, durchlief dort verschiedene Stationen und „landete" schließlich in der Neurologie. Sein Ehrgeiz war bemerkenswert. „Der Mensch muss von sich reden machen", schrieb er seiner Braut. Er wollte außerordentliche Erfolge, nicht nur Geld.

Da entdeckte er eine neue Art, Schnitte für mikroskopische Untersuchungen in der Neurologie anzufertigen. Dies schien zunächst erfolg- und damit auch geldversprechend zu sein, führte dann aber doch zu einer Enttäuschung, und es wurde nichts mit großem Ruhm und gesichertem Finanzpolster.

Freud wollte nun den formalen Schritt tun, der ihn noch von einer akademischen Karriere in Österreich und Deutschland trennte: Er wollte sich habilitieren.[17]

2.2 Erster Ruhm: die Kokain-Affaire

Bevor Freud die Habilitationshürde nahm, sah er wieder eine Chance, einen Geniestreich zu landen: Es ging um die Droge Kokain, gewonnen aus der südamerikanischen Kokapflanze, die gerade erste Aufmerksamkeit in Europa gefunden hatte. Man wusste bald, dass Kokain z.B. erschöpfte Soldaten munter machen konnte. Freud erwarb die Droge u.a. für Selbstversuche, aber auch für Experimente mit Tieren, mit Patienten und guten Bekannten. Unter Kokaineinfluss erlebte er sich als großen, wilden Mann, womit er Eindruck auf Martha machen wollte. „Heute haben wir das erste Kaninchen damit umgebracht, mit einer Dosis ... die so groß ist wie meine gewohnte Dosis Cocain", brüstete er sich gegenüber seiner Braut.[18]

Er bemerkte aber nach einer oralen Einnahme auch Taubheit auf der Zunge und war damit der Möglichkeit auf der Spur, Kokain für die Betäubung, genauer: für die Lokalanästhesie zu entdecken.

Er schrieb – mit Bezug auf amerikanische Veröffentlichungen – eine Abhandlung „Ueber Coca" (1884), in der er Kokain als Stimulans, als Aphrodisiakum, als Mittel gegen Magenbeschwerden, Morphinismus und Alkoholismus empfahl, kurz: als eine Art Wunder- und Allheilmittel. Während seiner Arbeit mit Kokain war er in verschiedener Hinsicht leichtfertig. Bevor er sich durch Untersuchungen und zugehörige Veröffentlichungen abgesichert hatte, informierte er andere Ärzte über seine Erkenntnisse. So entdeckten offiziell „andere" den Wert von Kokain für die Anästhesie; z.B. konnte Carl Koller in Freuds Arbeitszimmer seine ersten Erfahrungen mit der Droge sammeln und noch 1884 mit Details über Kokain als Anästhetikum an die Öffentlichkeit treten.

Freud ging, so kann man sagen, den positiven Möglichkeiten des Kokains nicht energisch genug nach, so dass seine Chancen bald vertan waren. Stattdessen unterliefen ihm Fehler; er empfahl Kokain für Entziehungskuren von Morphinisten – was in etwa bedeutet, den Teufel mit Beelzebub austreiben zu wollen. Das Beispiel Ernst Fleischl von Marxow zeigt aber, dass statt eines „Austreibens" eher eine Addition zweier Süchte stattfinden kann: Freud behauptete wider besseres Wissen, einen morphiumsüchtigen Freund (nämlich Fleischl von Marxow[19]), der an bestimmten starken Schmerzen litt, mit Kokain erfolgreich behandelt zu haben; der Freund – morphium- *und* kokainsüchtig geworden – starb schon wenige Jahre später, „anscheinend beschleunigt" durch die Kokainsucht.[20]

Ernst Fleischl von Marxow war übrigens einer der Geldgeber Freuds. Es erscheint unglaublich, was Freud am 10.3.1885 mit Bezug auf diesen Freund seiner Braut geschrieben haben soll: „Ich gehe Freitag oder Samstag, da bin ich mit meinem Vermögen gerade zu Ende, zu ihm. Ich bin eigentlich neugierig, ob er mir was leihen wird. Wenn, so dürfte er nicht mehr da sein, zur Zeit, da wir ans Zahlen denken dürfen." Das heißt: Freud spekulierte, als er sich beim Freunde Geld lieh, dass sich durch dessen baldigen Tod eine Rückzahlung erübrigen würde. Den ungeheuerlichen Satz (von

11

„Wenn" bis „dürfen") haben die Erben Freuds in den Veröffentlichungen der sog. Brautbriefe verständlicherweise immer weglassen. Nur wenige – echte oder vermeintliche „Hohepriester" der Psychoanalyse – konnten diese Briefe, die in der Mehrzahl noch nicht veröffentlicht sind, bislang einsehen; aber mindestens einer, der in die „streng geheimen" Unterlagen blicken durfte, hat peinliche Wahrheiten aus ihnen verraten.

Zu Freuds Fehlern im Umgang mit Kokain gehörte, dass er auch höhere Dosen von Kokain für unschädlich, ja medizinisch für vorteilhaft erklärte. Seine Selbstexperimente machten ihn nicht misstrauisch; er – als Gesunder – vertrug das Teufelszeug wohl gut; oder hat E.N. Thornton (1982) recht, die bei Freud eine Kokainsucht diagnostizierte? Jedenfalls geriet Freud in die Schusslinie, als die Stimmung in der interessierten Wissenschaft gegen Kokain umschlug. Man nannte Kokain die dritte Geißel der Menschheit – nach Alkohol und Morphium – und Freud als einen ihrer Propagandisten. So war Freud 1886, als er in Wien eine Praxis eröffnete, nicht einfach irgendein junger Arzt, sondern für einige Kollegen „der Mann, der die dritte Geißel auf die Menschheit losgelassen hatte".[22] Nach Clarks Schilderung war Freud dadurch in Wien so schnell berühmt, wie er es sich immer gewünscht hatte … allerdings berühmt-berüchtigt. Freud schrieb später fast nichts mehr dazu. Mancher Biograph (z.B. Ludwig Marcuse) erwähnt die Coca-Affaire gar nicht.

2.3 Stipendiat in Paris

Es war wohl ein großes Glück für den etwas angeschlagenen Freud, dass er sich noch vor dem Höhepunkt der Krise habilitieren konnte und für ein halbes Jahr ein Reisestipendium nach Paris zugesprochen bekam. Dort ging vor allem vom damaligen „Papst" der Neurologie/Psychiatrie, Jean Martin Charcot, eine große Anziehungskraft aus.

Bevor Freud nach Paris abreiste, tilgte er Spuren seines jungen Lebens. In einer ihm eigenen Mischung von Humor und Ernst schrieb er dazu, er wolle seinen Biographen das Leben schwer machen, indem er Briefe, aber auch wissenschaftliche Notizen vernichtete. Er freue sich schon, wie sich deshalb die Biographen irren werden. Wie wir heute wissen, behielt er recht. Ähnlich humorvoll-ernst schrieb er am 20.6.1885 seiner Braut, er werde sie in Hamburg besuchen, danach in Paris „ein großer Gelehrter (werden) … und dann heiraten wir bald …"

Also gelangte der 29-Jährige nach Paris an die berühmte Klinik

Salpêtrière und studierte vor allem bei Charcot. Dieser hatte sich u.a. große Verdienste in der humanen Behandlung von Geisteskranken erworben. Eine seiner wissenschaftlichen Fragen war, ob und wie bestimmte körperliche Symptome auf geistig-seelischen Ursachen beruhen könnten. Vor allem ging es ihm um die Hysterie. Darunter konnte und kann man vielerlei verstehen: z.b. rasch wechselnde Symptome, die von Lähmungserscheinungen und Sprachstörungen bis zu Taubheiten und Blindheiten reichen können – jeweils ohne erkennbare organische Ursachen. Die extremen Formen treten heute kaum noch auf; sie waren damals fast eine „Mode" – nicht zuletzt bei Frauen aus begüterten Familien.[23] Hysterien galten bis in die Zeit Charcots vage als funktionelle Störungen des Nervensystems. Man war noch nicht frei von der antiken Vorstellung, die Hysterie sei irgendeine Störung der Gebärmutter (hystera) und insofern nur bei Frauen anzutreffen. Auch die Idee, mangelnde sexuelle Befriedigung spiele eine Rolle, war verbreitet.[24] Französische Ärzte, welche die hysterischen Phänomene sorgfältig beobachteten, entdeckten sie aber relativ oft auch bei Männern. Charcot nahm u.a. an, Hysteriker(innen) litten an erblichen Schädigungen des Gehirns. Doch konnte er hysterische Phänomene auch bei Normalen auslösen – in der Hypnose. Wenn Leute auf einen in der Hypnose suggerierten Wespenstich tatsächlich mit einer schmerzhaften Schwellung etc. reagieren, ist bewiesen: Bestimmte körperliche Symptome können psychisch verursacht sein (sog. Psychogenese). Charcot konnte bei Hypnotisierten auch Symptome *beseitigen,* wenngleich nur mit vorübergehenden Erfolgen. Dass zumindest *eine* Frau, Blanche Wittmann, in den Hypnosen Charcot täuschen konnte, sei kurz erwähnt, denn es zeigt die Abhängigkeit nicht nur der Patienten von ihren Therapeuten, sondern umgekehrt auch die Abhängigkeit der großen Forscher von ihren Probanden: Als „Königin der Hysterikerinnen" spielte Blanche den Ärzten in Paris ziemlich viel „Theater" vor.[25]

Freud war von Charcot fasziniert und merkte, dass er nun – als fast 30-Jähriger – in der Untersuchung und Behandlung psychischer Erkrankungen sein eigenes Arbeitsfeld gefunden hatte.

2.4 Eigene Praxis und Eheschließung

Nachhaltig von Charcot beeindruckt, kehrte Freud nach Wien zurück, wo er begann, Bücher von Charcot ins Deutsche zu übersetzen. Davon konnte er aber nicht leben. Am 15. April 1886 eröffnete Freud eine Praxis in Wien – just am Ostersonntag. Das war natürlich ein Affront gegen die in Wien dominierende katholische Kirche, die er bis zu seinem Tod hasste. Freud ging es finanziell weiterhin nicht gut. Als Martha eine Erbschaft machte, konnte das Paar am 13. September 1886 heiraten. Es kam wegen religiöser Differenzen bald zu Spannungen: Freud duldete z.B. nicht, dass Martha nach alter jüdischer Sitte am Freitagabend Sabbatkerzen anzündete.[26] Aus späterer Zeit ist eine Aussage überliefert, in der er sich als „gottlosen Juden" bezeichnete.[27]

Vor interessierten Ärzten hielt er noch im Herbst 1886 in Wien einen engagierten Vortrag über Charcots Arbeiten, was ihm bei den Halbgöttern wenig Sympathien einbrachte. Etliche von ihnen konnten durchaus auch als Experten in Sachen „Hysterie" gelten. Sie wussten um Hysteriefälle unter Männern, und der Psychogenese waren sie auch auf der Spur: Man vermutete ein Trauma (d.h. eine schmerzhafte Erfahrung) am Beginn einer Hysterie und dachte dabei nicht zuletzt an Eisenbahnunglücke. Von Charcot bzw. Freud konnten die Wiener Ärzte also gar nicht so viel lernen, wie Freud es sich erhofft hatte. Fazit: Es ging Freud beruflich weiterhin nicht gerade blendend.

2.5 Freundschaft mit Wilhelm Fließ

Kollegiale Unterstützung fand er am stärksten bei einem 1887 gewonnenen Freund: Wilhelm Fließ, Hals-, Nasen- und Ohrenarzt in Berlin. Zwischen Freud und Fließ gab es eine rege Korrespondenz, mit mehreren hundert Briefen im Lauf der Jahre. Die von Fließ geschriebenen vernichtete Freud später; seine Briefe an Fließ sind hingegen erhalten. Sie lagen der Öffentlichkeit bis 1985 aber nur zensiert und arg verkürzt vor. Die Freundschaft hatte nach der Meinung von Clark homosexuelle „Untertöne". Es wird also keine manifeste Homosexualität angenommen. Da wir aber alle – nach Meinung der Psychoanalyse – zumindest latent homosexuelle Tendenzen aufweisen, besagt Clarks Satz wenig. Aussagekräftiger erscheint seine zusammenfassende Beschreibung: Die Korrespondenz zwischen Freud und Fließ gemahne „an eine aus zwei Mitgliedern bestehende Gesellschaft für gegenseitige Bewunderung."[28]

Fließ war ein wissenschaftlicher Fantast. Er versuchte, genitale Erkrankungen bzw. sexuelle Störungen durch Manipulationen im Nasenraum zu behandeln. Er war auch Numerologe, ein Mensch also, der in Zahlenspielereien tiefen Sinn verborgen sah. So „erkannte" er – in Analogie zu den 28 Tage umspannenden Menstruationsperioden – bei Männern Perioden von 23 Tagen. Über die Rechnungen mit diesen beiden Zahlen (z.B. 28 – 23 = 5; 28 + 23 = 51) ergaben sich gleichsam weitere „heilige" Zahlen. Freud folgte den verschrobenen Zahlenspielen seines Freundes eine Zeit lang. Er machte sich z.b. Notizen über seine Familie, um die Angaben von Fließ zu überprüfen,[29] konnte sich aber schließlich ironisch davon distanzieren: Er sah, dass man mit diesen wenigen Zahlen viel erreichen kann, wenn man sie nur genügend oft addiert, subtrahiert, multipliziert etc.

Freud versuchte – bei aller Freundschaft mit Fließ – wissenschaftliche Rätsel ohne solche Zahlenspielereien zu lösen.

Wie arbeitete er in seiner Praxis? Zu seinem Repertoire gehörten neben allen „klassischen" ärztlichen Methoden seiner Zeit auch Massagen und Elektrotherapie, aber auch die Hypnose mit Suggestionen, wie er sie bei Charcot gelernt hatte.

Noch war die Psychoanalyse nicht geschaffen.

3 Die Anfänge der Psychoanalyse

3.1 Am Anfang war ... der Betrug: der Fall „Anna O."

Den ersten Schritt in Richtung Psychoanalyse tat Josef Breuer, Freuds älterer Freund. Freud bestätigte u.a. noch 1910, es sei Breuers Verdienst gewesen, die Psychoanalyse – bei der Behandlung der Anna O. – ins Leben gerufen zu haben.

„Anna O." ist natürlich ein Pseudonym. Dies reichte jedoch nicht aus, die Anonymität der Patientin zu sichern. Wir lesen gleichsam einen spannenden Kriminalroman, wenn wir uns über das Schicksal von Anna O. informieren. Die Opfer in diesem Krimi sind Anna O. und die Öffentlichkeit, also wir; die Täter heissen Josef Breuer und Sigmund Freud; leitende Detektive sind Henri Ellenberger und Fritz Schweighofer.

Unser „Fall" entstand durch eine Veröffentlichung von Josef Breuer über „Frl. Anna O.", die Aufnahme in den Sammelband „Studien über Hysterie" von Freud und Breuer fand (1895). Die Krankengeschichte enthält gegen Schluss die Aussage, Anna O. „war nun frei von all den unzähligen einzelnen Störungen, die sie früher dargeboten hatte. Dann verließ sie Wien für eine Reise, brauchte aber doch noch längere Zeit, bis sie ganz ihr psychisches Gleichgewicht gefunden hatte. Seitdem erfreut sie sich vollständiger Gesundheit." Man muss den Eindruck gewinnen, dass die Behandlung durch Breuer erfolgreich war. Aber lange schon weiß man es besser: Anna O. war Bertha Pappenheim, Tochter aus einer reichen jüdischen Familie in Wien. Das sollen aufmerksame Wiener sehr bald erkannt haben – ohne es an die ganz große Glocke zu hängen; dies zu tun, blieb dem ersten Biographen Freuds, Ernest Jones, vorbehalten; er verriet das Geheimnis um Anna O. im Jahr 1953. Danach war die detektivische Arbeit erleichtert, zumal Bertha Pappenheim nicht irgendwer war, sondern zu ihrer Zeit in ihren Kreisen eine berühmte Frau. Die Deutsche Bundespost widmete ihr 1954 eine Wohlfahrtsmarke in der Reihe „Helfer der Menschheit" – aber nicht, weil man Bertha P. vielleicht als „Mutter der Psychoanalyse" bezeichnen könnte, sondern weil sie um 1900 den Jüdischen Frauenbund gegründet hatte und sich erfolgreich für jüdische Frauen und Kinder einsetzte. Wenn es nun auch leicht wurde, über die bekannte Frauenkämpferin Material zu finden, so gilt das doch nicht für die Zeit der *Patientin* Anna O. Über sie fasst Schweighofer (1987) zusammen: Bertha war sehr intelligent, fantasievoll, sehr sozial und etwas launisch. Ihr Sexualleben war – folgt man Breuer – „unentwickelt". Sie war geistig wohl stark unterfordert und pflegte, wie bei Breuer zu lesen ist, „systematisch das Wachträumen, das sie ihr ‚Privattheater' nannte".

1880 erkrankte ihr Vater schwer (Lungentuberkulose?). Das beendete Berthas sorgloses und eintöniges Leben. Sie und ihre Mutter pflegten ihn zu Hause, die Mutter tagsüber, die damals 21-jährige Bertha nachts.

Dadurch wurde Bertha überfordert. Sie zeigte nach einigen Wochen Schwächeanfälle, so dass sie ärztliche Hilfe benötigte und von der Krankenpflege befreit wurde. Doch kein Arzt konnte bei ihr eine organische Erkrankung ausmachen. Im Dezember 1880 wurde Josef Breuer zu Rate gezogen – zunächst wegen eines heftigen „nervösen" Hustens. Aber zugleich litt sie unter Sehstörungen, vielerlei Schmerzen, unter Lähmungserscheinungen und einer Anästhesie im rechten Arm. Breuer dachte an eine Geisteskrankheit. Sie „zeigte" ihm zwei verschiedene Bewusstseinszustände, die rasch wechseln konnten: einen relativ normalen, in dem sie zu negativen Gefühlen tendierte und einen zweiten, in dem sie halluzinierte und aggressiv werden konnte. Vormittags war sie eher im ersten, nachmittags eher im zweiten Zustand, der auch als „schlafähnlich" beschrieben wurde und aus dem sie abends „erwachte".

Wie war es zu diesem komplizierten Krankheitsbild gekommen? Man weiß, dass sie vor einer Operation ihres Vaters an seinem Bett saß und im Halbschlaf schwarze Schlangen „sah" (halluzinierte), die sich dem Vater näherten, um ihn zu töten. Vielleicht wollte sie die Schlangen mit dem Arm verscheuchen; jedenfalls wurde ihr rechter Arm empfindungslos (anästhetisch). Sie wollte beten, konnte es aber nicht bzw. nur noch in englischer Sprache. Sie konnte überhaupt nicht mehr deutsch sprechen; zwei Wochen schwieg sie völlig. Schließlich benutzte sie nur Fremdsprachen, vornehmlich englisch, phasenweise aber auch französisch oder italienisch, obgleich ihre „Wärterin" sie dann nicht verstand. Insgesamt machte Bertha den Eindruck, hysterisch zu sein.

Zu Breuer fasste sie sofort Vertrauen. Wenn er nicht bei ihr war, ging es ihr schlecht; in seiner Anwesenheit war alles besser. Breuer verordnete ihr Bettruhe; er hypnotisierte sie; sie berichtete von ihren Problemen, er hörte ihr zu – und dabei verschwanden ihre Symptome!

Am 1. April 1881 war ihr Zustand gebessert; am 5. April starb ihr Vater. Bald danach erkannte sie vertraute Menschen nicht mehr – Breuer ausgenommen; sie hatte die deutsche Sprache verloren, verweigerte das Essen und ließ sich von Breuer füttern; als er verreiste, litt sie unter Halluzinationen. Sie äußerte Selbstmordabsichten und wurde gewaltsam in eine Heilanstalt in Inzersdorf bei Wien gebracht. Auch dorthin kam Breuer abends, hörte sich ihre Geschichten an, und sie wirkte anschließend wie befreit. Sie nannte das Verfahren selbst eine „talking cure"; heute würde man „Gesprächstherapie" sagen. Als Breuer einige Wochen nicht nach Inzersdorf kommen konnte, wurde alles schlimmer; umso besser ging es ihr nach Breuers Rückkehr. Sie brauchte offensichtlich die „talking cure", die sie recht plastisch auch „chimney sweeping" (Kaminkehren) nannte. Breuer hingegen wählte die Bezeichnung „kathartische Methode" für die besondere Art Therapie, die hier ablief: Das Sprechen über ein Symptom – von seinen Anfängen an – sollte die Störung aufheben.

Der Name „Katharsis", der für die Behandlung Berthas gewählt wurde, war eigentlich schon anderweitig vergeben. Durch keinen geringeren als Aristoteles hatte er Eingang in die Weltliteratur gefunden. Just Jakob Bernays, ein Onkel von Martha Freud, hatte (1857[30]) über den Katharsisbegriff bei Aristoteles gearbeitet. Bei diesem griechischen Philosophen meint Katharsis eine Wirkung des Theaters, genauer der Tragödie. Zwar ist die Textstelle bei Aristoteles nicht ganz eindeutig, weil das Werk nur lückenhaft überliefert ist, aber im Kern meinte Aristoteles wohl, dass dann, wenn auf der Bühne ein Held einen Affekt (z.B. Furcht) überwindet, auch der Zuschauer von diesem Affekt befreit wird. Im Buch „Über die Dichtkunst" kann man bei Aristoteles nachlesen,[31] dass die Tragödie „durch Erregung von Mitleid und Furcht die (zeitweilige) Befreiung von derartigen Gefühlen zum Enderfolg hat". Im Allgemeinen wird dies so verstanden, dass die *Zuschauer* „befreit" werden.[32]

Von Katharsis sprach man aber in der Allgemeinmedizin vor 120 Jahren auch bei Maßnahmen, welche der „Reinigung" des Körpers dienten, z.B. bei der Einnahme von Abführmitteln. Für Breuer und Freud meinte „Katharsis" dagegen eine Befreiung von Symptomen, die dadurch möglich werden soll, dass sich Patienten in einem entspannten (z.B. hypnotischen) Zustand an traumatische Erfahrungen erinnern und darüber – begleitet von den ursprünglichen Affekten – mit den Therapeuten sprechen.

Berühmt wurde in Fachkreisen die erste Katharsis-Episode aus der Behandlung von „Anna O.": Sie tat sich einmal – trotz sommerlicher Hitze – mit dem Trinken schwer. Als Breuer verreist war, trank sie gar nichts mehr. Die lebensnotwendige Flüssigkeit führte sie sich mit Obst, z.B. mit Melonen zu. Von dieser Störung wurde sie geheilt, als sie Breuer in der Hypnose die auslösende Situation berichten konnte: Sie hatte eines Tages gesehen, wie der Hund ihrer Gesellschafterin Wasser aus einem Glas trank, das normalerweise Menschen als Trinkgefäß diente. Diese Beobachtung löste bei Bertha sehr starken Ekel aus. Doch kaum war die Geschichte erzählt, trank sie eine große Menge Wasser und erwachte mit einem Glas an den Lippen aus der Hypnose. Diese Trinkstörung „war damit für immer verschwunden".[33]

Die kathartische Methode wies im Fall „Anna O." folgende Merkmale auf: Man musste jedes Symptom einzeln behandeln; jede zugehörige Episode musste erzählt werden, und zwar im Rückwärtsgang – schön der Reihe nach – vom letzten Vorfall bis hin zum ersten Auftreten, das zugleich den Anlass enthüllte. So wurden in der Behandlung nacheinander viele Symptome „wegerzählt".

Andere Beispiele: Bertha bemerkte es eine Weile nicht, wenn jemand in den Raum trat, in dem sie sich aufhielt. Die zugehörige Katharsis machte die Schilderung von 108 entsprechenden Episoden nötig, bis ganz am Anfang ein Vorfall mit dem Vater stand.

Auch bei Symptomen, die sich stark ähnelten, mussten jeweils alle Episoden berichtet werden. Das ging nicht immer leicht. Als sie eine Art Taubheit mit Breuer „abarbeitete", wurde sie besonders taub, so dass Breuer ihr seine Worte aufschreiben musste. Das kostete Zeit; ahnt „man" schon etwas?

Bertha blieb bis Herbst 1881 in Inzersdorf; im Dezember kam es wieder zu einer Verschlechterung, und ein neues Phänomen trat auf: Sie lebte nachmittags gleichsam in der Vergangenheit – exakt um ein Jahr zurückversetzt (regrediert). Sie durchlebte Tag für Tag des Vorjahrs neu. Mit Hilfe eines als geheim geltenden Tagebuchs der Mutter konnte man die Details bestätigen, die Bertha 1882 in ihrer Regression durchspielte.

Breuers abendliche Besuche reichten nicht mehr aus; er musste auch vormittags kommen: mit Erfolg, wie er schrieb. So wurde schließlich doch noch ein Ende der Behandlung möglich. Breuer weihte Freud in die Details ein. Dies war insofern ein Vertrauensbruch, als Bertha mit Freuds Braut Martha befreundet war.

Was können wir heute – vor allem mit Hilfe der Veröffentlichungen von Ellenberger und Schweighofer – über das Leben von Bertha Pappenheim sagen? Wie verliefen die Jahre 1881/82, wenn man sich woanders als bei Breuer erkundigt? Wie war das Verhältnis zwischen Bertha Pappenheim und Josef Breuer während der Behandlung? Wir stoßen von einer Überraschung auf die andere; Breuers Krankengeschichte enthält faustdicke Lügen.

Bertha lernte, dass sie mit ihren Leidensgeschichten hohe Aufmerksamkeit in ihrer Familie und bei Breuer fand. Sie bekam dadurch die „Zügel" in ihren Beziehungen fest in die Hand. Breuer „musste" täglich für zwei bis vier Stunden zu ihr kommen. Die Art und Intensität ihrer Gefühle für ihn könnte Bertha bei einer hysterischen Scheingeburt im Juni 1882 verraten haben, von der Breuer im Text 1895 nichts schrieb, über die er aber Freud irgendwann berichtet haben soll. Vielleicht war diese Geschichte jedoch nur „das Produkt der lebhaften Phantasie Freuds", schreibt Israels (1999).

Mancher Kritiker[34] nimmt intime Beziehungen zwischen Breuer und seiner Patientin an, weil Freuds Biograph Jones entsprechende Andeutungen machte, u.a. über eine heftige Eifersuchtsszene von Breuers Frau. Wie schon erwähnt, beschrieb Breuer Bertha als sexuell „unentwickelt". Er unterstrich, dass sie „nie eine Liebe gehabt" hatte und „dieses Element des Seelenlebens" in ihrer Krankheit „keine Rolle" spielte. Wenn er mit dieser Betonung erreichen wollte, dass niemand zwischen ihm und der Patientin etwas „im Busch" vermutet, so trat das Gegenteil ein. Aber was sich wirklich abspielte, wissen wir nicht, lassen wir es also offen.

Es sieht so aus, als hätte Breuer alle Symptomgeschichten von Bertha sehr ernst genommen. Wahrscheinlich waren sie aber frei erfunden, die Symptome also simuliert. So äußerte sich jedenfalls Bertha gegen Schluss der „Therapie" gegenüber Breuer, was dieser jedoch als abwegig verwarf. Er glaubte nicht an ihr „Privattheater", auch Freud und Jones lehnten ihr „Geständnis" ab. Schweighofer schreibt dazu: Der Gedanke an eine gute Simulation werde von vielen Fachleuten wie eine „wissenschaftliche Gotteslästerung" empfunden; er ist jedenfalls von einer Simulation fest überzeugt. Denn Berthas Bewusstseinszustände, ob hypnotisch oder hypnoseähnlich, wurden von Breuer stets nur vage beschrieben; überhaupt sind Hypnosen bis heute ein Phänomen, das jedes Hineingeheimnissen ermöglicht. Die Aura, welche die Hypnose umgab und umgibt, erschwert nüchterne Feststellungen. Bertha konnte ihre „Zustände" ruckartig wechseln; das lässt an „Theater" denken. Woher nahm sie die nötigen Detailkenntnisse? Nun, um 1880 waren Hypnose und Hysterie Modephänomene in Wien. Bertha schaute einem Bühnenhypnotiseur namens C. Hansen[35] viel ab. Überprüfungen ihrer „Zustände" ließ sie nicht zu; doch niemand wurde misstrauisch. Es gab keine ernsthaften Untersuchungen ihrer Anästhesien, weil sie zuviel Angst davor äußerte. Ihre Sprachstörungen sind für eine sprachgewandte Person leicht zu simulieren. Dass sie später nachmittags exakt um ein Jahr regredierte, erklärt sich unschwer, wenn man unterstellt, dass Bertha genau wusste, wo das „geheime" Tagebuch der Mutter lag. Wahrscheinlich brachte erst das von ihr –

vielleicht zufällig – aufgedeckte „Geheimnis", d.h. das Tagebuch der Mutter, sie auf den besonderen Einfall, sich dort regelmäßig zu informieren und alle Tage des Vorjahrs in ihr „Spiel" einzubeziehen. Auch dass Bertha eine längere Zeit hindurch nichts trank, wurde ihr einfach geglaubt und nicht kontrolliert.

Am 7. Juni 1882 wollte Breuer die Behandlung mehr oder weniger offiziell beenden. Doch am gleichen Abend wurde er zu Bertha gerufen. Sie lag in den Wehen der oben erwähnten eingebildeten (hysterischen) Schwangerschaft und Geburt. Freud erfuhr, dass Bertha ihren Arzt Breuer als Kindsvater bezeichnete. Dieser verließ fluchtartig das Haus und nahm die Behandlung auch nicht wieder auf. Von solchen Zuspitzungen berichtete Breuer 1895 nichts; vielmehr malte er das schöne Bild einer Heilung der Patientin durch die katharthische Methode.

Die Episoden zwischen Bertha Pappenheim und ihrem Arzt Breuer sind wohl am besten mit einer großen, unerwidert gebliebenen Verliebtheit Berthas zu erklären. Vielleicht erfahren wir nach der Veröffentlichung von bislang geheim gehaltenen Dokumenten noch etwas Näheres darüber …

Tatsache ist, dass Breuer 1881 und 1882 in einem Sanatorium in Kreuzlingen, Schweiz, anfragte, ob man Bertha aufnehmen könne; er fühlte sich überfordert und wusste sich nicht mehr anders zu helfen. Immerhin ließ er sie nicht einfach im Stich. 1882 kam Bertha denn auch nach Kreuzlingen, um wegen Rauschgiftsucht, einer Trigeminusneuralgie und wegen hysterischer Phänomene behandelt zu werden.

Breuers „Krankengeschichte Frl. Anna O." enthält nur Hinweise auf das Rauschgift Chloral, das er gegen ihre Aggressivität einsetzte. Was er verschwieg, der Klinik in Kreuzlingen aber mitteilte: Er hatte ihr eine Weile täglich Morphium injiziert und sie dadurch zur Morphinistin gemacht. Eine Entwöhnung führte er nicht durch, „weil ich …(gegen ihren Zustand) … machtlos bin".[36] Viele der beschriebenen Bewusstseinszustände und Szenen lassen sich als Rauschzustände unter Drogeneinfluss interpretieren. Der Aufenthalt in Kreuzlingen sollte in erster Linie eine Entziehungskur werden. Ihr war wohl kein voller Erfolg beschieden. Breuer fühlte sich schuldig. Freud wusste das; er schrieb daher 1883 (d.h. 12 Jahre vor der Veröffentlichung der Fallgeschichte mit dem schönen Märchen von der Heilung Berthas) sinngemäß an seine Braut: Wie ihm Breuer mitgeteilt habe, sei die Patientin ganz zerrüttet. Breuer wünsche ihr den Tod, damit sie von ihrem Leiden erlöst werde.

Obwohl Freud 1883 die harte Wahrheit kannte, drängte er 1895 auf die Veröffentlichung der „Krankengeschichte Frl. Anna O.", als sich Breuer dagegen sträubte, über den Fall zu schreiben. Wir ahnen, warum sich Breuer zierte. Schließlich brachte er aber den oben skizzierten Text zustande, der verschiedene körperliche Erkrankungen Berthas nicht nennt und ein reines Psychodrama aus vielen kleinen Hysteriesymptomen und deren Schein-Heilungen zusammenaddiert. Nichts vom Versagen des Therapeuten, nichts vom Versagen der Katharsis, nichts von Kreuzlingen!

Jedenfalls schied Breuer 1882 als Berthas Arzt aus. Von 1883 bis 1888 war Bertha mehrmals in Sanatorien. Offensichtlich ging es ihr dann allmählich besser.

1889 zog die Restfamilie nach Frankfurt/Main. Die hochbegabte Bertha suchte eine sinnvolle Betätigung und nahm sich notleidender jüdischer Frauen und Kinder an, nicht zuletzt der *unehelichen* jüdischen Kinder, die mehr oder weniger ausgestoßen leben mussten. Bertha übersetzte unter einem Pseudonym wichtige Texte der Frauenbewegung vom Englischen ins Deutsche; aber sie verfasste auch ein Schauspiel „Frauenrecht" und verschiedene andere Texte, zumeist Märchen, unter dem Pseudonym P. Berthold, das wie eine männliche Entsprechung ihres Vornamens klingt. In Polen bekämpfte sie den Mädchenhandel; in Griechenland, in der Türkei, in Palästina, Ägypten und Russland versuchte sie, das Schicksal jüdischer Prostituierter zu verbessern. Als sie wahrheitsgemäß die Lage der Jüdinnen schilderte und z.B. schrieb, dass einige der Bordelle mit jüdischen Huren von Juden unterhalten wurden und dass die Synagoge in Istanbul vom Mädchenhandel finanziert wurde, lieferte sie ungewollt ihren antisemitischen Feinden Material. „Der Stürmer", das Hetzblatt der Nazis, zitierte genüsslich Aussagen von Bertha Pappenheim.

Das sog. Dritte Reich unterband natürlich trotzdem ihr Wirken; dennoch erkannte Bertha die Gefahren nicht klar; sie sprach sich gegen die Emigration von Juden aus, solange es diese Möglichkeit zur Lebensrettung noch gab. Als Bertha allmählich einsichtiger wurde, war ihr selbst aus gesundheitlichen Gründen ein Auswandern nicht mehr möglich; aber sie konnte 1936 eines natürlichen Todes sterben.

Jenseits aller Spekulationen steht fest, dass alle drei (Bertha Pappenheim, Josef Breuer und Sigmund Freud) mächtig gelogen haben. Doch Bertha führte nur Breuer und ihre Familie hinters Licht, und sie war in dieser Zeit wahrscheinlich drogenabhängig. Breuer und Freud täuschten ein Millionenpublikum ... Freud ging 1895 wohl davon aus, dass die wahre Identität der „Anna O." und damit der Schwindel nie aufgedeckt würden. Die „Krankengeschichte Frl. Anna O." war ein Sensationsbericht, der internationale Beachtung fand. Noch 1916/17 nannte Freud Breuers Vorgehen „die Grundlage der psychoanalytischen Therapie"[37], und noch 1925 schrieb Freud wider besseres Wissen, Breuer habe „Anna O." *geheilt*. Bis in die Gegenwart hält sich diese Heils-Behauptung[39] als ein Höhepunkt der Legendenbildung.

Wir wissen, dass Bertha Pappenheim gegen die Psychoanalyse später ablehnend eingestellt war. Sie ließ bei den ihr anvertrauten Menschen keine Psychoanalyse zu. Warum wohl?

Anna Freud, die jüngste Tochter (1895–1982) Sigmund Freuds, die in mancher Hinsicht sein Erbe antrat, schrieb 1972 höchst widersprüchlich, dass „Anna O." erfolgreich behandelt worden sei, um eine Seite später[40] mitzuteilen, Anna O. stehe der Analyse *feindselig* gegenüber; das muss im unbefangenen Leser den Eindruck erwecken, diese „Anna O." sei ein sehr undankbarer Mensch gewesen.

Der Bericht über „Anna O." nimmt hier einen relativ breiten Raum ein, denn obwohl der „Fall" nicht von Freud selbst behandelt und beschrieben wurde, stand die Darstellung der Krankengeschichte „Anna O." mit all ihrer Unwahrheit am Anfang der Psychoanalyse, trug ganz wesentlich zu deren Aufbau bei und sagt mehr über Freud aus als die meisten der von ihm selbst verfassten Krankengeschichten.

3.2 Psychoanalyse: Begriffe, „reine" Fälle

Was auch immer Freud über Breuer und den Fall „Anna O." dachte: Er glaubte, dass hysterische Symptome durch (verdrängte) traumatische Erlebnisse verursacht seien und dass mit Hilfe von Erinnerungen an diese Erlebnisse eine Befreiung von den Symptomen möglich sei. Freud wandte zunächst die Hypnose an, um einerseits das Vergessene („Verdrängte") wieder bewusst zu machen und andererseits Suggestionen zur Heilung auszusprechen. Er ging 1889 noch einmal nach Paris zu führenden Hypnotiseuren, um seine Fertigkeiten zu verbessern. Aber all seine Erfahrungen mit der Hypnose blieben unbefriedigend; er gab diese Technik auf und suchte nach erfolgreicheren Therapiemethoden. Böse Zungen behaupten allerdings, er sei eben ein schlechter Hypnotiseur gewesen; andere glauben zu wissen, dass Freud einmal von einer Patientin heftig geschockt wurde, als sie ihm nach dem „Aufwachen" aus der Hypnose sofort um den Hals fiel ...

An die Stelle der Hypnose traten bestimmte andere Versuche, den Patienten zur Erinnerung an traumatische Situationen zu verhelfen. Damit stehen wir endgültig an der Schwelle zur Psychoanalyse.

Die Arztpraxis nährte Freud und die Seinen in dieser Zeit nur unzulänglich; Schulden konnte er nicht zurückzahlen, und seine Familie wuchs. 1887 wurde das erste von sechs Kindern geboren, 1895 das letzte: Anna, die sein geistiges Erbe antrat. Sechs Kinder in acht Jahren – nichts Ungewöhnliches im 19. Jahrhundert. Die Kinderzahl erzwang 1891 einen Umzug in eine größere Wohnung in der Berggasse 19, nahe der Universität; heute ist dort ein Freud-Museum eingerichtet. Bald nach Annas Geburt zog Freuds ledige Schwägerin Minna Bernays mit in die neue Wohnung ein und blieb von da an in der Familie. Klar, dass man deshalb wieder trefflich über Freuds Sexualleben spekulieren kann, aber man muss es nicht.

Warten wir geduldig auf die noch unveröffentlichten Dokumente aus dem Freud-Archiv!

Freud wollte – wie schon angedeutet – Verdrängtes bewusst machen. Das „Bewusste" und das „Unbewusste" wurden allmählich zu Schlüsselbegriffen seines Denkens. Er musste diese Begriffe aber nicht selbst konstruieren, es gab sie bereits. Als Vor-Denker sind u.a. Augustinus, Herbart, Carus, Schopenhauer und Nietzsche zu nennen. 1869 erschien in Berlin der weiter oben schon erwähnte Bestseller mit dem Titel „Philosophie des Unbewussten"; Autor war Eduard von Hartmann. Das Buch wurde z.B. ins Englische übersetzt und kam 1882 in die 8. Auflage. Man kann sagen: Das Unbewusste war ein Modethema. Dennoch durfte Freud später für sich in Anspruch nehmen, dass niemand so pointiert wie er die Bedeutung des Unbewussten für die psychischen Krankheiten postuliert habe. Er beanspruchte, „an eines der großen Geheimnisse der Natur gerührt zu haben".[41] Dieser stolze Satz setzt aber voraus, dass er wirklich Neues entdeckte, wozu neue Methoden immerhin günstige Voraussetzungen schaffen konnten.

Wäre Freud bei der Hypnose als zentraler Therapiemethode geblieben, wäre er nur einer von vielen gewesen, zudem einer, der eine etwas anrüchige Methode benutzte, denn auch im Variete wurden damals wie heute Hypnosen zur Unterhaltung größerer Scharen von Neugierigen vorgeführt. Freud glaubte auf Grund von Erfahrungen, die er in Paris gemacht hatte, man könne Patienten auch ohne Hypnose durch bestimmte Suggestionen zur Erinnerung an die verdrängten kritischen Ereignisse verhelfen. So heißt es schon 1895 in den „Studien zur Hysterie", er habe einer Patientin die Hand auf die Stirn gedrückt und ihr suggeriert, sie werde nun einen wichtigen Einfall haben; und manchmal hatte er Erfolg damit – immerhin so oft, dass er die Hypnose aufgab.

Das äußere therapeutische Arrangement nahm allmählich folgende Form an: Die Patienten mussten sich auf eine Couch legen, und er saß am Kopfende, so dass er die Patienten gut beobachten konnte, ohne selbst von ihnen gesehen zu werden, solange sie ihre normale Ruhelage beibehielten. Dass er während der Analysen am

Nachmittag gelegentlich einschlief, teilte er Fließ mit, aber Anna Freud und andere verhinderten lange den Abdruck dieses sympathischen Geständnisses.[42]

Der berühmte „Wolfsmann" will zur besonderen Liege- und Sitzordnung während der Therapiestunden von Freud erfahren haben, dass er zunächst am Fußende der Patienten saß, bis eine Frau diese Konstellation – trotz der damals getragenen langen Röcke – zu erotischen Spielchen nutzte. Eine andere kleine Begebenheit gewann Bedeutung für die neue Technik Freuds: Eine Patientin (Fanny Moser) machte ihm einmal Vorwürfe, weil er ihren Redefluss unterbrochen hatte; er bat sie – dadurch sensibel geworden – weiterzusprechen, über alles zu sprechen, was ihr gerade einfiel, so bedeutungslos es ihr auch erscheinen mochte. Dies war eine erste Aufforderung zur „Freien Assoziation", wie ein wichtiger Fachbegriff der Psychoanalyse bis heute lautet. Allerdings verletzte Freud dieses Grundprinzip nicht selten selber, wie Patienten später mitteilten. Die freie Assoziation ist nur so lange wirklich frei und ungestört, wie der Therapeut nicht eingreift. Jede deutliche Reaktion des Therapeuten schenkt der jeweils letzten Aussage des Patienten eine relativ starke Aufmerksamkeit und gibt ihr so eine besondere Bedeutung. Umgekehrt bleibt das „Gewicht" all jener Aussagen gering, die unbeachtet bleiben, also keine Aufmerksamkeit finden. So signalisieren die Reaktionen eines Therapeuten seinen Patienten in einem längeren Lernprozess, was er für wichtig und was er für nebensächlich hält. Was wichtig ist und was nicht, wird von der Theorie bestimmt, die der Therapeut vertritt. Kritiker mit lernpsychologischen Kenntnissen folgern: So werden Patienten allmählich „dressiert", die Sichtweise ihres Therapeuten zu übernehmen. Sie lernen zu unterscheiden, was der Psychoanalytiker für bedeutsam oder nicht hält. Jedes Eingreifen des Therapeuten widerspricht aber eigentlich der Idee der „freien" Assoziation. Es scheint uns andererseits selbstverständlich, dass der Therapeut handeln muss. Doch wenn er darüber nachdenkt, erkennt er ein Dilemma; er muss sich – streng genommen – jeweils eine Begründung für sein Schweigen einerseits oder sein Reagieren andererseits geben. Unterstellen wir ruhig ein hohes Ausmaß an entsprechender Reflexion durch den Therapeuten, zunächst einmal durch Sigmund Freud. Die Vorschrift der „freien Assoziation" an den Patienten, alles zu sagen, was ihm durch den Sinn geht, ist jedenfalls die „Grundregel" der Psychoanalyse. Doch selbst die gutwilligsten Patienten können dieser Regel nicht lange gehorchen. Das liegt zum kleinen Teil daran, dass nur wenige so schnell sprechen können, wie sie Gedanken oder Fantasiebilder „im Kopf" haben. Alle Patienten vergessen auch ganz schlicht immer wieder, dass sie einer solch strengen Vorschrift folgen sollen.

Es spielt aber eine noch größere Rolle, dass Patienten sich oft wei-
gern, der Grundregel zu folgen. Sie setzen ihr „Widerstand" entgegen. Dieser Widerstand wird wichtiger Bestandteil der psychoanalytischen Theorie (und Praxis). Es kann sein, dass ein Patient
ganz bewusst einen Gedanken für sich behält und schweigt; die Psychoanalyse aber geht davon aus, dass vor allem „das Unbewusste"
dem Patienten oft den Zugriff zu einem wichtigen Inhalt verwehrt.
Solcher Widerstand ist nur scheinbar eine Behinderung der Therapie; das Schweigen auf der Couch gilt als „beredt": Es gibt dem
Therapeuten einen Hinweis, dass etwas Bedeutungsvolles angetippt
sein könnte. Den Widerstand interpretiert der Therapeut aus dem
Kontext der bis dahin erfolgten Analyse und aus seiner Theorie heraus. Anna Freud merkte dazu an: Nicht die Befolgung der Grundregel an und für sich, sondern der Kampf um ihre Befolgung sei
das, worauf es in der Psychoanalyse ankomme.[43]

Zu einem ähnlich zentralen Begriff wie „Widerstand", wurde
die „Übertragung": Oft verhalten sich Patienten in einer Weise, die
vom Analytiker als Neuauflage früherer Beziehungsformen interpretiert werden kann. Ein Patient zeigt z.B. dem Therapeuten gegenüber eine starke Zuneigung wie früher der Mutter gegenüber;
oder er demonstriert eine unerklärlich wirkende heftige Abneigung
– wie vielleicht früher einmal gegen den Vater. Im ersten Fall spricht
man von positiver, im zweiten Fall von negativer Übertragung. Mit
anderen Worten: Auf den Analytiker werden Einstellungen „über-
tragen", die früher den Eltern galten. Bei starken negativen Übertragungen wollen Patienten manchmal die Analyse abbrechen. Positive Übertragungen kommen hingegen einer Verliebtheit nahe; sie
gehen manchmal so weit, dass die Symptome verschwinden, der Patient also gesund wirkt; eine Art „Wunderheilung" scheint stattgefunden zu haben. Doch sie hält im Allgemeinen nicht lange vor;
die Behandlung wird deshalb vom Analytiker nicht beendet, wenn
sich ein rascher Symptomschwund zeigt.

Es gibt auch das Phänomen der „Gegenübertragung": Denn auch
der Analytiker ist – trotz langer Lehranalyse – nicht ganz frei von
ähnlichen Übertragungen auf den Patienten. Er muss sie aber durch-
schauen und kontrollieren; es kann sonst zu beträchtlichem Fehl-
verhalten kommen, z.B. zu sexuellen Beziehungen zwischen Analytiker und Analysand.

Freud gewann aus seinen Erfahrungen mit Patienten die Überzeugung, dass ihre gegenwärtigen Störungen auf früheren aufbau-
en; ungelöste Konflikte aus der frühen Kindheit sollen dabei eine
Hauptrolle spielen. Diese kommen während der analytischen Behandlung in Bruchstücken zutage. Als Materialquelle dienen neben
den erwähnten freien Assoziationen vor allem noch die Träume und

die sog. Fehlleistungen (dazu später mehr).

Der Analytiker muss sie „deuten": Er muss die Bruchstücke zusammensetzen und den Patienten zum richtigen Zeitpunkt eine Interpretation anbieten.

Die Inhalte, auf die Freud stieß, waren oft sexueller Natur. Er sprach von Störungen der Libidoentwicklung.

„Libido" bezeichnet die sexuelle Begierde (lat. libido = Begierde, Verlangen). Wie Freud 1905 schrieb, verhält sich „Libido" zum Sexualtrieb wie „Hunger" zum Nahrungstrieb. Der Begriff „Libido" stammt nicht von Freud, wenngleich dies oft behauptet wird (z.B. auch im Brockhaus 1970). Aber schon 1868 erklärte der Wiener Neurologe Moritz Benedikt, hysterische Phänomene seien oft Störungen der Libido.[44] Breuer erwähnte (1895) Benedikts Gedanken; Freud hingegen schrieb (1905[45]) etwas mehrdeutig: „Wir haben uns den Begriff der *Libido* festgelegt" …

Ähnliches gilt auch für andere Begriffe: Sie werden oft zu Unrecht Freud zugeschrieben. Beispiele: Partialtriebe, erogene Zonen, Narzissmus.[46] Freud übernahm sie von Sexualforschern, die heute stark in Vergessenheit geraten, von Freud gleichsam „verdrängt" worden sind. Um es für Freud positiv zu formulieren: Er benutzte die Begriffe so nachdrücklich, dass sie von Fachleuten hartnäckig mit seinem Namen assoziiert werden. Speziell die Libido brachte er so eindringlich mit psychischen Problemen in Verbindung wie niemand zuvor. Daran hielt er fest – auch wenn es ihn manchmal Sympathien kostete und z.B. die Freundschaft mit Breuer belastete.

In Freuds Psychologie stand der Sexualtrieb in einem Brennpunkt. Allerdings wurde „Sexualität" von ihm sehr breit verstanden: Alles, was man im Alltag „Liebe" nennt, alle Zärtlichkeit, aller Lustgewinn gehören dazu. Wie Freud selbst berichtete,[47] vermuteten vor ihm schon andere etwas Sexuelles hinter psychischen Erkrankungen, z.B. Charcot und Breuer; aber sie bekannten sich nicht nachhaltig genug dazu. Erst Freud stand ohne Wenn und Aber zu seiner generellen Hypothese, dass jede Hysterie im Kern eine Sexualstörung sei.

In Wien muss im 19. Jahrhundert die sexuelle Verlogenheit, dazu gehört die Doppelmoral, besonders ausgeprägt gewesen sein. Karl Kraus, ein Schriftsteller mit spitzer Zunge und Feder, sah in dem „Geschäftsmäßigen der bürgerlichen Ehe" die Wurzel der Hysterien, die „unter den bürgerlichen Wienerinnen" sehr verbreitet waren;[48] und auch Bertha Pappenheim (Anna O.) erkannte die Besonderheiten der Doppelmoral und die patriarchalische Ehe als Grundübel für die Frauen, zumal für die jüdischen Frauen. So ist es kaum ein Zufall, dass es im 19. Jahrhundert in Wien etliche Wissenschaftler gab, die Sexualforschung betrieben. Der – vor Freud – berühmteste war Krafft-Ebing, dessen 1886 in lateinischer Sprache veröffentlichtes Hauptwerk „Psychopathia sexualis" in Fachkreisen ein Bestseller wurde. Freud musste also nicht so viele Sexualtabus einreißen, wie im Kreis seiner Anhänger später gern behauptet wurde. Aber er suchte besonders hartnäckig etwas Sexuelles als Basis psychischer Störungen, und er fand es und betonte es, während z.b. Breuer eher zurückschreckte vor der Aufdringlichkeit sexueller Motive bei den intensiv untersuchten und behandelten Menschen – einschließlich „Anna O." Wir erinnern uns, dass gerade auch am Ende ihrer therapeutischen Beziehung eine sexuell akzentuierte Begebenheit, eine Scheinschwangerschaft, stand. Halten wir an dieser – für Breuer etwas „dunklen" – Stelle einmal fest: Obgleich Freud nach Meinung etlicher Zeitgenossen ärgerlich viel über Sexualität sprach und schrieb, wurden ihm doch nie ernsthaft sexuelle Übergriffe in seiner Arbeit mit Patientinnen vorgeworfen. Sexuelle Kontakte zwischen Therapeuten und Klienten wurden erst später und unabhängig von Freud zum peinlichen Thema in der klinischen Psychologie.

Die erwähnten „Studien über Hysterie" (1895) gelten vielen Sachkundigen als Beginn der Psychoanalyse. Dieser Band enthält fünf Fallgeschichten; die erste – über Anna O. – wurde von Breuer verfasst, die anderen von Freud. Sie stellen eine Auswahl aus Behandlungen in etwa acht Praxisjahren dar.

Da gibt es den Fall „Frau Emmy v. N., vierzig Jahre, aus Livland". Hinter diesem Pseudonym verbarg Freud – mehr schlecht als recht – Fanny Moser, ca. 40 Jahre alt, damals vielleicht die reichste Frau Europas. Ihr Mann war 42 Jahre älter als sie; man ahnt etwas … Sie suchte den bekannten Arzt Breuer auf, der sie mit ihren hysterischen Symptomen an Freud überwies. Von diesem wurde sie zweimal etwa zwei Monate lang behandelt. Wie Freud selber etwas widersprüchlich schrieb, war der therapeutische Erfolg „ein recht beträchtlicher, aber kein dauernder".[49] Warum veröffentlichte Freud den partiellen Erfolg (oder partiellen Fehlschlag)? Fanny Moser gab Freud wichtige Anregungen; sie bestand darauf, in der Therapiestunde über alles zu sprechen, was sie wollte. Sie wurde dadurch gleichsam die „Mutter" der freien Assoziation.

Die Studien enthalten auch die „erste vollständige Analyse": den Fall „Fräulein Elisabeth v. R." Freud verletzte in dieser Behandlung erst die nötige Vorsicht bei der Deutung (einer von ihm angenommenen Verliebtheit) und anschließend auch die nötige Diskretion: Er wandte sich – ohne Absprache mit der Patientin – mit Fragen und Informationen über intime Details an ihre Mutter. Die psychoanalytische „Kur" misslang gründlich.

Nach der Lektüre der „Studien" von 1895 behauptete der Franzose Pierre Janet, er fühle sich durch sie in *seinen* alten „Entdeckungen" bestätigt – was zu einem Prioritätenstreit führte, der lange währte. Freud habe das, was er, Janet, geleistet und „psychologische Analyse" genannt habe, nur ein wenig umbenannt – in „Psychoanalyse".

Mag es hier auch zwei sehr ähnliche Namen geben: Die Inhalte der Therapien sind schließlich so unterschiedlich, dass wir diesen Streit nicht vertiefen müssen.

Andere Leser der „Studien" und sogar der Mitautor Breuer nahmen Anstoss an der Tatsache, dass die neue Therapie psychischer Störungen grundsätzlich so stark in die Intimsphäre der Patienten eindringen wollte.

Ein wohlmeinender englischer Kritiker namens Clarke verglich die „talking cure" mit der Beichte, und er bemerkte, dass sich die Rückführung der hysterischen Phänomene auf sexuelle Probleme kaum von dem unterschied, was die Antike bei der Namengebung der Hysterie (hystera = Gebärmutter) zum Ausdruck brachte: Hysterie habe etwas mit dem Unterleib zu tun.[50]

Die „Studien" – 1895 von Breuer und Freud gemeinsam veröffentlicht – trennten die bislang befreundeten Männer. Man hätte das Gegenteil erwartet ... Dabei spielten wohl nicht nur die unterschiedlichen theoretischen Auffassungen über die Bedeutung der Sexualität eine Rolle. Ist die Vermutung zu kühn, dass bei diesem Zerbrechen der Freundschaft auf beiden Seiten Schuldgefühle – wegen Anna O. – von Bedeutung waren? Man stelle sich vor: Wenn Breuer und Freud sich trafen, sah jeder im anderen einen möglichen Kronzeugen gegen sich. Beide wussten: Dein Gegenüber kennt wie ich die Wahrheit über Anna O., kennt den Betrug, den wir gemeinsam an der wissenschaftlichen Öffentlichkeit begingen, und könnte uns eines Tages verraten. Freud hatte ja wider besseres Wissen auf den Bericht über die „Therapie" von Anna O. gedrängt, Breuer hatte sich wider besseres Wissen drängen lassen. Noch 1895 endete die Freundschaft. Glaubt man einer Aussage von Breuers Tochter, so behandelte Freud den Mitbegründer der Psychoanalyse später wie Luft: Als sich die beiden einmal zufällig über den Weg liefen, wollte Breuer den früheren Freund begrüßen; der aber tat, als sähe er ihn nicht.[51]

Freud war nun relativ isoliert; aber immerhin hatte er noch Wilhelm Fließ als fern – in Berlin – lebenden Freund. Man schrieb sich viele, sehr offen anmutende Briefe; darin erwähnte Freud u.a. sein Herzleiden und sein großes Laster, das Zigarrenrauchen.

Freud hatte täglich etwa sechs bis elf Analysepatienten; nach einem langen Arbeitstag schrieb er – zur Entspannung ? – gerne noch Briefe. An der Universität hielt er Vorlesungen. Finanziell ging es Freud nun immerhin so gut, dass er Schulden tilgen konnte.

3.3 Die sog. „Verführungstheorie"

Das Jahr 1895 wurde auch insofern ein bedeutendes Jahr für die Psychoanalyse, als Freud anfing, seine Träume systematisch zu analysieren. Das, was er und andere später seine „Selbstanalyse" nannten, begann 1897.

1900 konnte er eines seiner Hauptwerke, das Buch „Die Traumdeutung" veröffentlichen, das vielen als erstes „rein" psychoanalytisches Werk gilt. Ein Traum vom Juli 1895, den man „Traum von Irmas Injektion" nennt, wurde ihm zum Schlüsselerlebnis (s. Kap. 3.5).

Freud steckte in diesen Jahren voller Ideen und suchte nach einer griffigen psychologischen Theorie für bestimmte psychische Erkrankungen; die „klassische" ärztliche Tätigkeit machte ihm wenig Spaß. Aber mit diesem Theoretisieren tat er sich schwer. Er schrieb: „Mit der Psychologie ist es wirklich ein Kreuz. Kegelschieben und Schwämmesuchen ist jedenfalls viel gesünder."[52] Kaum jemand dürfte ihm hier widersprechen.

Die Psychologie, die ihm vorschwebte, sollte naturwissenschaftlicher Art sein, fest verknüpft mit physiologischen Erkenntnissen, z.B. über Neuronen. Für die ferne Zukunft erwartete er eine Reduzierung aller Psychologie auf Physiologie.

Seine Konzentration galt sexuellen Problemen als Ursachen seelischer Störungen, die er „Neurosen" nannte. Der schillernde Begriff „Neurose" wurde 1776 von W. Cullen eingeführt, einem schottischen Arzt. Gemeint sind „nervöse" Störungen, die psychisch bedingt sind, d.h. zunächst aber nur, dass man keine organischen Ursachen für diese Leiden finden kann.

Die Hysterie war die erste Art Neurose, die mit einigem Aufwand erforscht wurde, nicht zuletzt von Freud. Wir erinnern uns: Hysterische Erscheinungen sind z.B. Schmerzen, Sehstörungen, Lähmungen – ohne organischen Befund. Als Ursache vermutete Freud ein frühes Sexualerleben voll Abneigung und Schreck, m.a.W. ein Sexual-Trauma.

Er schuf in diesem Sinn einen Erklärungsansatz, dem er den irreführenden Namen „Verführungstheorie"[53] gab: In der Kindheit ist ein Hysteriker Opfer einer schweren sexuellen Misshandlung geworden. Das Erlebnis wird „vergessen" (Amnesie). In der Pubertät werden Erinnerungen daran geweckt, aber auch sofort wieder verdrängt. Das Verdrängte ist jedoch nicht machtlos; es kann aus dem Unbewussten ein Symptom bewirken, z.B. eine Sehstörung. Man spricht nun von einer „Konversion", wenn man annimmt, dass etwas Psychisches (das Verdrängte) ein physisches Leiden bewirkt. Als

Täter bei der sexuellen Misshandlung kommen – nach Freud – vor allem Väter, aber auch Mütter, Kindermädchen, ältere Geschwister und Lehrer/innen in Betracht.

In den hierzu gehörenden Veröffentlichungen gebrauchte Freud 1896 erstmals die Bezeichnung „Psychoanalyse", und er verglich die Arbeit des Analytikers gern mit der Arbeit des Archäologen. So wie der Archäologe die Vorgeschichte gleichsam durch alte Steine zum Sprechen bringt (saxa loquuntur), so sucht der Psychoanalytiker das Unbewusste durch Bruchstücke wie z.B. Traumreste zum Ausdruck zu bringen.

Freud stellte eine Neurosentheorie auf. Alle Neurosen gehen auf ungelöste sexuelle Konflikte zurück; das Verdrängte äußert sich in Symptomen. Freud unterschied zunächst folgende zwei Arten von Neurosen: Aktual- und Psychoneurosen.

Bei den *Aktualneurosen* sollte die Ursache mehr in der Gegenwart liegen, in einem unnormalen Sexualverhalten, wobei als „normal" nur der heterosexuelle Koitus ohne Verhütungsmittel galt. Freud widersetzte sich z.B. der Behauptung, „dass die Masturbation harmlos" sei.[54] Er sah sie vielmehr als „Ursucht" und „Ursünde".[55]

Seine enge Definition des „Normalen" bedeutet letztlich: Alles Sexualverhalten im Kindesalter muss sich negativ auswirken. Nicht normal war für Freud auch der Coitus interruptus – ebenso wie die sexuelle Abstinenz. Aktualneurosen können – nach dieser Lehre – nicht psychoanalytisch behandelt werden; die Betroffenen müssen einfach ein „normales" Sexualleben beginnen. Freud litt selber an verschiedenen Aktualneurosen. Was sagte er damit über sein Sexualleben aus? Offensichtlich hielt er sein Sexualleben im beschriebenen Sinn für unnormal.

Zu den *Psychoneurosen*, die Freud auch Abwehrneurosen nannte, gehören u.a. die Hysterie und die Zwangsneurose. Hysterien gehen nach seiner Meinung – wie oben schon angedeutet – auf negative Sexualerfahrungen in der frühen Kindheit zurück. Dabei ist das Opfer – meist ein kleines Mädchen – eher passiv. Die Täter sind Erwachsene.

Auch Zwangsneurosen basieren auf frühen sexuellen Erfahrungen; aber diese werden vom Opfer eher lustvoll erlebt; das Kind soll dabei relativ aktiv sein. Wenn eine Frustration das Kindheitstrauma neu belebt, kann es zum Ausbruch einer Psychoneurose im Erwachsenenalter kommen.

Dann ist nach Freuds Meinung die Psychoanalyse die Methode der Wahl. Sie muss das Primärerlebnis, das Trauma, bewusst machen – mit den dazugehörigen Affekten.

1896 stellte Freud seine „Verführungstheorie" in Wien vor. Ein namhafter Kollege, nämlich Krafft-Ebing, urteilte über Freuds Theorie: „Es klingt wie ein wissenschaftliches Märchen". Bei aller zum Ausdruck gebrachten Kritik sagte er also nicht, die Theorie sei ein Märchen! Freud war jedoch insgesamt über die Reaktion der Kollegen tief enttäuscht. Er meinte, er habe „den Eseln" die Lösung eines uralten Problems gezeigt, er habe sozusagen die lange unbekannte Quelle des Nils (caput Nili) entdeckt,[56] und sie sahen das nicht ein und bereiteten ihm eine „eisige Aufnahme". Freuds abschließende Bemerkung: „Sie können mich alle gern haben."

In einem in den USA veröffentlichten Kommentar hiess es, Freuds „Verführungstheorie" sei ein Beweis dafür, zu welchen absurden Schlüssen jemand komme, der „entweder medizinische Berühmtheit" suche oder von seinem „Verstand Urlaub genommen" habe.[57]

Die meisten Ärzte hielten Hysteriker/innen für Lügner/innen, deren Schilderungen der Fantasie entspringen. Das wollte Freud ändern. Er stand trotz aller Anfeindungen – zunächst – zu seiner „Verführungstheorie". Doch bereits 1897 verabschiedete er sich von ihr. Was war vorgefallen?

Freud hatte lange geglaubt, er selbst sei frei von hysterischen Störungen. Aber in seiner Selbstanalyse entdeckte er 1897 bei sich hysterische Anzeichen. Da er inzwischen bei Hysterien vor allem die Väter als Sexualtäter ansah, musste er seinen Vater verdächtigen. Dieser war kurz zuvor (1896) verstorben; der Tod des Vaters war für ihn „das bedeutsamste Ereignis", der einschneidendste „Verlust im Leben eines Mannes."[58] Dies sind sehr dunkle Worte. Wie wir aus Umfragen unter Studierenden wissen, kommt niemand spontan darauf, den Tod des Vaters als „den einschneidendsten Verlust im Leben eines Mannes" einzustufen. Freud hätte allenfalls schreiben dürfen, der Tod *seines* Vaters sei das Schlimmste in *seinem* Leben gewesen …

Tatsächlich geriet der vierzigjährige Freud nach diesem Todesfall in eine schwere Krise, die er in der sog. Selbstanalyse bekämpfte.

Am 21.9.1897 schrieb er dann an Fließ: „Ich glaube an meine Neurotica nicht mehr." D.h.: Er glaubte nicht mehr an seine Neurosentheorie, speziell an die „Verführungstheorie". Warum dieser Wandel? Da gibt es verschiedene Teilantworten:

1. In der Therapie stellte sich zu oft kein Erfolg ein, wenn er den Patientinnen als Ursache ihrer Störungen ein sexuelles Trauma interpretierte.

2. Freud konnte auch nicht glauben, dass sexuelle Misshandlungen so häufig waren, wie es ihm seine Patientinnen nahe legten.

3. Er gewann die Überzeugung, dass das Unbewusste tatsächlich

Erlebtes und starke Wünsche nicht gut genug unterscheiden könne. Clark sieht den Hauptgrund für das Abrücken von der Verführungtheorie darin, dass Freud bei seinen eigenen hysterischen Phänomenen seinen Vater nicht als Täter verdächtigen mochte. Einen anderen Tatverdächtigen konnte Freud aber auch nicht ausfindig machen. So schloss er mit Christian Morgenstern „messerscharf", dass „nicht sein kann, was nicht sein darf"[59] und – verwarf seine Theorie. Freud fragte sich, ob die Misshandlungen von seinen Patientinnen erfunden sein könnten – oder ob ihm der Zufall einen Streich gespielt und ihm unverhältnismäßig viele sexuell Misshandelte zugeführt habe.

Aber Freud konnte eigentlich aus seiner Zeit in Paris wissen, dass sexuelle Misshandlungen keine seltenen Ereignisse waren oder sind. J.M. Masson macht 1984 in seinem Buch „Was hat man dir, du armes Kind getan?" darauf aufmerksam, dass Freud tatsächlich in Paris auf die unter dortigen Ärzten verbreitete Befassung mit sexuellen Misshandlungen gestoßen war. Die öffentliche und die wissenschaftliche Diskussion dieses Themas muss damals in Frankreich so ausgeprägt gewesen sein wie zur Zeit bei uns. Ohne dass Freud diese französischen Quellen nannte, konstruierte er 1896 seine „Verführungstheorie", die er ein Jahr später aufgab. Masson (1984) schreibt dazu, dies habe Freud aus Feigheit getan: weil er die Feindseligkeit, die er wegen seiner Theorie bei den Wiener Ärzten erntete, nicht mehr aushalten konnte. Das klingt wenig überzeugend. Es gibt m.E. nur einen Hinweis auf Feigheit in diesem Kontext: Freud widerrief erst 1905 die „Verführungstheorie" *öffentlich*. Acht Jahre verheimlichte er also seinen neuen Standpunkt – abgesehen von den Briefen an Fließ. Andere Bemerkungen von Masson erscheinen bedeutsamer: Wilhelm Fließ, Freuds einziger Freund in diesen Jahren, spielte wahrscheinlich eine Rolle bei Freuds Distanzierung von der „Verführungstheorie". Fließ hatte einen Sohn Robert, der später Psychoanalytiker wurde und – seinen Vater der sexuellen Misshandlung bezichtigte! Wenn Robert die Wahrheit mitteilte, können wir rekonstruieren, dass er just zu der Zeit von seinem Vater misshandelt wurde, als dieser und Freud ihre Gedanken über sexuelle Misshandlungen austauschten. Freud stellte demnach seine Verführungstheorie – nichts Böses ahnend – einem Mann vor, der ein Täter war und ein Interesse daran hatte, dass die Theorie nicht große Verbreitung fand – und Freud ließ sich von der Ablehnung durch Fließ beeindrucken. Nach Masson verhielt sich Freud hier wie ein Detektiv, der kurz vor der Aufklärung eines Falles – ungewollt – den gesuchten Täter über seine (richtigen) Ermittlungen informiert und dem Täter klarmacht, dass er ihm auf der Spur ist.

Nachdem Freud die „Verführungstheorie" unter dem Einfluss

von W. Fließ aufgegeben hatte, neigte er dazu, die Schilderungen von sexuellen Misshandlungen als Fantasien einzustufen, zum Teil sogar als Fantasien, die er den Patientinnen selbst aufgedrängt hatte. Genau diese Möglichkeit, dass Freud seinen Patientinnen seine Konstruktionen von sexuellen Misshandlungen als Erklärungen ihres Leidens suggerierte, ist nicht von der Hand zu weisen.[61]

Vielleicht sind aber alle diese Überlegungen darüber, warum Freud die Verführungstheorie aufgab, viel zu kompliziert: Nach Israels (1999) verwarf Freud die Theorie ganz einfach deshalb, weil er – entgegen seinen früheren Behauptungen – keine therapeutischen Erfolge mit ihr hatte.

Die „Verführungstheorie" aufzugeben bedeutete: Mit dem „ewigen Nachruhm" und dem „sicheren Reichtum", die Freud anstrebte, war es wieder einmal nichts – zum dritten Mal:[62] Erst hatte er (1883) große Hoffnungen auf die Färbemethode für neurologische Schnitte unter dem Mikroskop gesetzt, dann (1884) auf Kokain als Mittel in der Anästhesie und schließlich auf die „Verführungstheorie" als Kern einer Neurosentheorie (1895). Aber nun galt der zitierte Satz: „Ich glaube an meine Neurotica nicht mehr".

3.4 Ödipustheorie

Was tun? Wenn Hysteriker/innen sich ziemlich regelmäßig als Opfer von sexuellen Misshandlungen schilderten, und wenn diese Schilderungen aber nur Fantasiegebilde waren, so musste – nach Meinung Freuds – eine neue Theorie her; und er bastelte für die Psychoanalyse die Ödipustheorie.

Dabei hätte Freud die „Verführungstheorie" durchaus beibehalten können, wenn er berücksichtigt hätte, dass psychologische Gesetze immer nur Wahrscheinlichkeitsaussagen, nie aber generelle Aussagen sein können. Er hätte formulieren müssen, dass bei Hysterikern als Hauptursache der Störung *oft* eine traumatische sexuelle Misshandlung erkennbar sei, statt zu denken, bei *allen* hysterischen Phänomenen – also auch bei seinen eigenen – *müsse* eine sexuelle Misshandlung stattgefunden haben.

Seine neue Theorie vom Ödipuskomplex beruht weitgehend auf Verallgemeinerungen eigener Erlebnisse. Anders als die „Verführungstheorie" besagt sie – kurz skizziert: Jedes Kind von etwa drei bis fünf Jahren hat ein starkes sexuelles Verlangen nach einem Elternteil: die Jungen nach der Mutter, die Mädchen nach dem Vater. Jeder kleine Junge will mit seiner Mutter „schlafen", jedes kleine Mädchen mit seinem Vater. Da es jedoch in aller Regel zu einem solchen Koitus nicht kommt, wird er vom Kind ersatzweise fantasiert – und im Erwachsenenalter evtl. als echt erlebte sexuelle (Miss)-Handlung „erinnert".

Die so konstruierte Ödipustheorie ist die glatte Umkehrung der „Verführungstheorie": Denn Erwachsene (vor allem Väter) sind nicht Täter, sondern allenfalls Opfer; sie werden von ihren Töchtern begehrt. Damit tat Freud wahrscheinlich wirklichen Opfern, die sich in der Folgezeit an ihn und andere Psychoanalytiker wandten, großes Unrecht: Man glaubte den Opfern nicht mehr; man redete ihnen stattdessen die Ödipustheorie ein. Erst in den letzten Jahren streifte man in der Psychoanalyse diesen fatalen Einfluss ab, und erst ganz allmählich machte die Forschung dort weiter, wo sie bereits am Ende des 19. Jahrhunderts in Frankreich und beim frühen Freud, solange er die „Verführungstheorie" vertrat, angekommen war.

Natürlich wollen Psychoanalytiker und psychoanalytisch Orientierte den Vorwurf nicht hören, Freud habe mit der Ödipustheorie den wissenschaftlichen Fortschritt in dieser Hinsicht behindert, für längere Zeit vielleicht gar zum Erliegen gebracht.

So schreibt z.B. Hanna Gekle (1994), die entsprechenden Überlegungen von Masson und anderen seien „theoretisch glattweg lächerlich, moralisch bedenklich und therapeutisch völlig hoffnungslos". Das sind starke Worte, eingebettet in eine Vielzahl weiterer starker Worte, aber keine Argumente.

Freud distanzierte sich – wie erwähnt – „öffentlich" erst 1905 von seiner „Verführungstheorie"; der Widerruf aus dem Jahr 1897 fand ja nur in einem Brief an W. Fließ statt.

Wahrscheinlich stand Freud seiner „Verführungstheorie" ambivalent gegenüber. Denn in einem späteren – aber noch im Jahr 1897 – an Fließ geschriebenen Brief „kippte" Freud wieder um und interpretierte einen Fall im Sinne der „Verführungstheorie".[63] Er war sich also seiner Sache nicht sicher. Dies verschwieg die Psychoanalyse lange offiziell, und diese Textstelle fiel in den ersten Veröffentlichungen der Briefe von Freud an Fließ einer verständlichen Zensur der Herausgeber zum Opfer. Verständlich insofern, als die Psychoanalyse – auf Freuds Betreiben – die Ödipustheorie zu einem ihrer wesentlichen Bestandteile erklärt hatte; „Ödipus" wurde so etwas wie ein unverzichtbares Wahrzeichen: Die Anerkennung des Ödipuskomplexes war für Freud das „Schibboleth" (Erkennungszeichen, Losungswort), das die Anhänger der Psychoanalyse von allen anderen trennte. Anna Freud erklärte genau in diesem Sinn 1981 Masson gegenüber, dass es nach einer Preisgabe der Ödipustheorie keine Psychoanalyse mehr geben könne.

3.5 Selbstanalyse und „Traumdeutung" (1900)

In dem für die Psychoanalyse wichtigen Jahr 1897 schrieb Freud an Fließ auch: „Der Hauptpatient, der mich jetzt beschäftigt, bin ich selbst." Er spielte damit auf seine „Selbstanalyse" an. Um sich zu erkennen und zu heilen, bediente er sich vor allem seiner Träume. Bei mancher Erinnerung oder Traumdeutung fragte er zur Überprüfung bei seiner Mutter nach, um eine Kontrolle zu erhalten. So stieß er in einer Mischung aus Traumerinnerung und Deutung auf eine Frau, die sich sexuell mit ihm als Kind beschäftigt hatte, aber plötzlich aus seinem Leben verschwand. Die Mutter bestätigte immerhin, dass man einmal eine Kinderfrau gehabt habe, die wohl nach Diebstählen relativ plötzlich entlassen wurde.[64]

Als ein markantes Ergebnis der Selbstanalyse sah es Freud an, dass er sich an seine frühkindliche Verliebtheit in seine Mutter erinnerte und an eine gleichzeitige Eifersucht auf seinen Vater.

Freud generalisierte: So müsse es bei allen Menschen, zumindest bei allen männlichen Kindern sein. Dies ist der Kernpunkt der Ödipustheorie. Sie wurde in seinem Buch „Die Traumdeutung" (1900) erstmals ansatzweise vorgestellt. Am Ende seines Lebens schrieb er im „Abriss der Psychoanalyse" stolz über diese Theorie, sie müsse unter die wertvollen Neuerwerbungen der Menschheit eingereiht werden.

Ein kleiner Einschub:
Die Figur des Ödipus ist der griechischen Mythologie entlehnt. Wer war Ödipus? Dies ist gar nicht einfach zu beantworten; vielleicht darf man aber zusammenfassend sagen: Ödipus war Sohn von Laios und Jokaste, einem Königspaar in Theben (Griechenland). Dem Laios war in Delphi geweissagt worden, dass er durch die Hand seines Sohnes sterben werde. Das Kind wurde deshalb zwar nicht getötet, aber mit durchstochenen Füssen ausgesetzt (oidipus = Schwellfuß). Da sollte die Geschichte nach des Vaters Absicht eigentlich zu Ende sein; aber der Junge wurde natürlich gerettet und – welch ein Zufall – wieder Mitglied einer Königsfamilie, nun in Korinth. Als Ödipus erwachsen war, reiste auch er zum Orakel nach Delphi und erfuhr, er werde seinen Vater töten und seine Mutter heiraten. Um dies zu vermeiden, ging er nicht nach Korinth – zu seinen vermeintlichen Eltern – zurück. Er nahm einen anderen Weg; in einem „Engpass" begegnete er dem Laios; man stritt sich, wer wem auszuweichen habe. Man griff zur rohen Gewalt, als hätte man zuviele Film- und Fernsehproduktionen des 20. Jahrhunderts gesehen. Ödipus erschlug seinen Vater – und nicht lange danach heiratete er Jokaste. Als später das Geheimnis um das neue Königspaar aufgedeckt wurde, tötete sich Jokaste; Ödipus blendete sich und irrte mit seiner Tochter Antigone in der Fremde umher.

„Ödipuskomplex" oder auch „ödipale Phase"[65] wird in der Psychoanalyse die angesprochene besondere Beziehungskonstellation zwischen (männlichem) Kind und Eltern genannt. Sie fällt etwa in das dritte bis fünfte Lebensjahr. Die ödipale Phase wird – recht harsch – durch eine (väterliche) Kastrationsdrohung beendet: Der Junge fürchtet den Verlust seines Penis, verzichtet deshalb im Normalfall auf seine sexuellen Wünsche an die Mutter und identifiziert sich mit dem Vater, wodurch er weiterhin – wenn auch nur sehr indirekt – im „Besitz" der Mutter bleibt. Bei Mädchen sind die Details etwas anders, aber letztlich müssen auch sie ihre sexuellen Wünsche an den Vater aufgeben und sich mit der Mutter identifizieren. So wird der Übergang in die nächste Entwicklungsphase (die sog. Latenzphase) möglich; aber dabei treten auch relativ leicht Störungen auf, die sich später als Ausgangspunkte von Neurosen bemerkbar machen können.

Zusammengefasst: Alle Kinder durchlaufen eine ödipale Phase. Die Art, wie sie mit ihr fertig werden, beeinflusst den Rest ihres Lebens.

Es ist übrigens ein wenig paradox, dass Freud seine neue Theorie, welche die „Verführungstheorie" ablöste, nach *Ödipus* benannte; denn just der Vater von Ödipus, Laios, gilt in der Mythologie als Erfinder der „Knabenliebe", genauer: als „Erfinder" der sexuellen Misshandlung von Jungen.[66] Insofern hätte die Ödipussage besser für die „alte" „Verführungstheorie" den Rahmen und Namen abgeben können als für deren Nachfolgetheorie.

Empirische Belege für die Ödipustheorie blieben aus. Freud erntete natürlich mit seiner Behauptung, *jedes* Kind müsse den Ödipuskomplex durchlaufen, heftigen Widerspruch ausserhalb der Psychoanalyse. Z.B. machte der Anthropologe Malinowski (1962) darauf aufmerksam, dass Gesellschaften mit anderen Familienformen grundsätzlich andere Beziehungen zwischen Eltern und Kindern schaffen.

Man darf feststellen: Die Ödipustheorie ist eine grandiose Übergeneralisierung. Was für Freuds eigene Kindheit vielleicht eine gute Beschreibung war, dürfte nicht für viele, gewiss aber nicht für alle Menschen zutreffen …

Dass tatsächlich viele Mädchen ihren Vater mehr lieben als ihre Mutter und dass viele Jungen ihre Mutter mehr lieben als ihren Vater, muss man nicht auf einen Ödipuskomplex zurückführen, der eine (sexuell getönte) Liebe vom Kind ausgehen läßt. Denn 1. kann es schlicht so sein, dass der mehr geliebte Elternteil tatsächlich der liebenswürdigere ist, und 2. kann es sein, dass Väter von sich aus mehr mit ihren Töchtern, Mütter mehr mit ihren Söhnen „schäkern" oder „flirten".

Doch ob Verführungs- oder Ödipustheorie: Beide betonen die Rolle der frühkindlichen Sexualität fürs ganze Leben.

„Beweise" für das Gewicht der frühkindlichen Sexualität entnahm Freud nicht zuletzt den Träumen. Allerdings sind die von Freud 1900 diskutierten Träume vorwiegend seine eigenen. Auch hier schloss Freud also von sich auf andere. Mit den Träumen bediente er sich geheimnisvoller Erfahrungen, welche die Menschheit wohl immer fasziniert haben. Jedenfalls gibt es Traumdeutungen schon im Alten Testament: Man erinnere sich an des Pharaos Traum von sieben fetten bzw. mageren Kühen und Josephs Traumauslegung (1. Mose 41); und 1814 veröffentlichte G.H. Schubert ein Buch „Die Symbolik des Traums", das viele Gedanken Freuds vorwegnahm. „Die Traumdeutung" wurde von Freud wie eine gute Dissertation geschrieben: systematisch und gründlich. Bevor er seine neue Methode der Traumdeutung und seine theoretischen Annahmen vorstellte, referierte er die bis 1900 vorliegende Literatur; er nannte u.a. auch das Buch von Schubert.

Ein Traum vom 23./24. Juli 1895 wurde zusammen mit seiner Deutung für Freud zu einem Schlüsselerlebnis; man bezeichnete diesen Traum später oft als „Traum von Irmas Injektion". Hier nur so viel: „Irma" war eine Patientin Freuds. Er tat sich mit ihr schwer und träumte, es sei ihre Schuld, dass sie noch bestimmte Schmerzen hatte. Er untersuchte sie im Traum jedoch und stellte fest: Sie war von einem anderen Arzt mit einer unreinen Spritze infiziert worden. Freud deutete den Traum als *Wunscherfüllung*: Irmas fortbestehende Probleme gingen auf den Fehler eines Kollegen zurück, nicht auf seine Schwäche als Therapeut. Dazu passte ein Detail gut: Genau dieser Kollege hatte zuvor im wirklichen Leben etwas aggressiv Freud darauf hingewiesen, dass es „Irma" nach der Psychoanalyse zwar etwas besser ging, aber eben „nicht ganz gut". Dies zahlte Freud im Traum dem Kollegen mit dem Hinweis auf die schlechte Injektion heim.

Einige von Freuds Hauptthesen über Träume seien hier vorgestellt:

1. Der Traum wird als „Hüter des Schlafs" bezeichnet. Das überzeugt, wenn man im Schlaf das Klingeln des Weckers als Glockenklang interpretiert und weiterschläft; das überzeugt nicht, wenn man an die Träume denkt, aus denen man – oft mit Angst – hochfährt. Freud dachte aber auch an kompliziertere Inhalte: Eine (z.B. sexuelle) Triebregung tritt während des Schlafs auf. Ihre volle Befriedigung müsste den Schlaf beenden; eine partielle Befriedigung ist aber auch während des Schlafens im Traum möglich; insofern ist der Traum ein Hüter des Schlafs …[67]

2. Anders akzentuiert: Triebregungen finden im Traum eine symbolische Erfüllung. Diese ist manchmal einfach zu erkennen, manchmal nur vom Fachmann, der um Traumsymbole weiß. Er „erkennt"

z.B. im Treppensteigen (wegen des heftigen Atmens) ein Symbol des Koitus ...

3. Dafür, dass die Erfüllung des Traumwunsches nur symbolisch erfolgt, sorgt eine besondere Kontrollinstanz in uns, die Freud „Zensur" nannte. Diese (unbewusste) Zensur ist im Schlaf schwächer als im Wachzustand. Sie lässt die Triebimpulse immerhin an die Oberfläche dringen, aber doch nur entstellt, oft so sehr entstellt, dass sie der Deutung bedürfen.

4. Es gibt einen latenten und einen manifesten Trauminhalt. „Manifest" ist der, an den wir uns erinnern; „latent" ist der „eigentliche" Inhalt hinter den erinnerten Teilen. Den Vorgang, der aus dem latenten Inhalt den manifesten entstehen lässt, nennt Freud (unbewusste) „Traumarbeit".

Freie Assoziationen zum manifesten Trauminhalt ermöglichen dem Analytiker eine Deutung, d.h. eine Rekonstruktion des latenten Inhalts.

5. Jeder Traum ist eine Wunscherfüllung. Bei Angstträumen ist das kaum nachzuvollziehen. Aber man muss nach Freud davon ausgehen, dass hinter dem Angsterlebnis ein „verbotener" Triebwunsch steht, der erfüllt wird. Z.B. sieht sich eine Frau in einem Alptraum von einem Mann verfolgt. Darin vermag sie wohl spontan keine Wunscherfüllung zu sehen. Doch Freud nahm an: Eigentlich hat sie den Triebwunsch, von Männern begehrt, bedrängt zu werden. Insofern wird doch ihr (geheimer) Wunsch im Alptraum zu einem Teil erfüllt.

Dieses Beispiel zeigt, dass Freuds Deutungen nicht widerlegt werden können (und damit unwissenschaftlich sind, wenn man halbwegs strenge Kriterien anlegt):[68] Was immer wir träumen, ein Freudianer kann eine Wunscherfüllung hinein interpretieren: Entweder können wir diese relativ leicht nachvollziehen und ihm recht geben – oder aber der Analytiker gibt uns eine Deutung von der Art wie im soeben geschilderten Beispiel von der Frau, die sich verfolgt fühlte.

Freud meinte, dass uns im Schlaf eigentlich die Erlebnisse des Tages weiter beschäftigen und den Schlaf stören wollen. Unerfüllte Wünsche, quälende Sorgen können uns wachhalten. Der Traum nimmt diese negativen „Tagesreste" in sich auf und stellt sogar eine Wunscherfüllung her.[69]

Die Wünsche im Traum können somit verschiedene Quellen haben: Sie können 1. schlicht vom Tag her übriggeblieben sein; sie können 2. aber auch tags (z.B. als unmoralisch) verworfen worden sein und im Traum wieder vordergründig werden; sie können 3. aber auch ohne Bezug zum vergangenen Tag aus dem Unbewussten aufsteigen. Die 3. Quelle wurde für Freuds Arbeit dominant. Dabei gewann er die Überzeugung, alle Wünsche aus dem Unbewussten seien *infantiler* Art – schlügen also eine Brücke zur Kindheit. Diese infantilen Wünsche seien meist sexueller Natur.

Bally (1965) fasst die relevanten Aussagen so zusammen: Der infantile Wunsch, der im Traum befriedigt wird, ist ein solcher, der in der Kindheit nicht erledigt werden konnte; vor allem sexuelle Regungen stoßen in der Kindheit auf Versagungen (z.B. auf Kastrationsdrohungen) und werden daher verdrängt. Die „abgewehrten Regungen" werden somit unbewusst, bleiben aber „wirksam, d.h. sie sind jederzeit bereit, sich durchzusetzen." Daran hindert sie allerdings (weitgehend) die „Zensur". Im Traum kann es dem verdrängten Wunsch gelingen, die Zensur auszutricksen, da sie im Schlaf ja grundsätzlich gelockert ist. Dennoch muss der ursprüngliche Wunsch oft sehr stark verzerrt werden, um an die Oberfläche gelangen zu dürfen, und so können durch die „Traumarbeit" Traumbilder entstehen, die „verrückt" anmuten. Freud nannte daher den Traum auch gelegentlich eine Psychose von kurzer Dauer.[70] Die Traumarbeit geschieht vor allem in Form von Verdichtung und Verschiebung. Bei einer „Verdichtung" kann z.B. eine Person für mehrere Personen stehen: Erst scheint eine Frauenfigur deutlich die Schwester des Träumers zu sein; im nächsten Augenblick wird sie zu einer guten Bekannten; die Traumfigur ist diese *und* jene Person.

Ein Beispiel für eine „Verschiebung" sei einem Buch von W. Kemper entnommen (1955): Ein Vater schneidet im Traum ohne Anzeichen von Erregung sein Kind in Scheiben, wie er dies zuvor mit einer Ananas getan hat. Bald danach wird er beim Anblick eines *grünen* Fensterladens zu Tränen gerührt. Die Deutung in der Analyse erbringt: Das *Grün* steht für die Farbe eines Kleides seiner verstorbenen Lieblingsschwester, die Fenster verweisen auf einen Ausruf der Mutter, sie werde zum Fenster hinausspringen ... Die Trauer wird auf die *grünen* Fensterläden verschoben – praktisch bis zur Unkenntlichkeit.

Die Traumarbeit macht also aus den eigentlichen Wünschen einen gut „getarnten" manifesten Traum. Der Analytiker muss mit Hilfe der freien Assoziationen die unbewussten Kräfte erschließen. Die Tarnung geschieht aber nicht nur durch Verdichtung und Verschiebung, sondern auch durch Symbole. In der komplexen Traumtheorie Freuds ist die Lehre von den Traumsymbolen etwas schlicht geraten: Alles Längliche kann den Penis, alles Runde, Hohle kann die Vagina symbolisieren. „Stiegen, Leitern, Treppen, respektive das Steigen auf ihnen, und zwar sowohl aufwärts als abwärts, sind symbolische Darstellungen des Geschlechtsakts," so Freud (1900[71]). Das Gemeinsame sah Freud im heftigen Atmen: „So findet sich der Rhythmus des Koitus im Stiegensteigen wieder." Glatte Wände z.B.

verweisen auf Männer, Vorsprünge an Häusern auf Frauen. Aber: „Tische ... Bretter sind gleichfalls Frauen, wohl des Gegensatzes wegen, der hier die Körperwölbungen aufhebt."[72] Da muss man sich doch die Augen reiben: Bei einem Anflug von *Ähnlichkeit* zwischen Symbol und Symbolisiertem – etwa bei Erkern und Brüsten (oder Zigarre und Penis) – kann man der Symbollehre Freuds vielleicht noch folgen; aber zur Not berief sich Freud – um eine bestimmte Deutung zu wagen – auf eine betonte *Unähnlichkeit*: auch aus einem flachen Tisch wird eine Frau.[73] Klar, dass Freud wegen solcher „Plattheiten" angegriffen wurde.

Eine erstaunliche Simplifizierung gelang ihm auch in folgendem Beispiel: Er nannte die Schlange „das bedeutsamste Symbol des männlichen Gliedes"[74] (wegen der Verführung Evas durch die Schlange im Paradies wird dieses Tier bei uns meist als Symbol für den Mann eingestuft). Dabei vernachlässigte er, dass die Schlange in anderen Kulturen als ein zur *Mutter Erde* gehörendes Tier und somit als *weiblich* angesehen wird.

Wenn auch zu einer Traumdeutung in der Psychoanalyse die freie Assoziation des Patienten erforderlich ist, hat der Analytiker doch einen „Wissensvorsprung", sobald er Symbole erkennt. Beim harmlos anmutenden Treppensteigen hält er schon Ausschau nach dem Koitus, um den es eigentlich geht ...

Ein größeres Beispiel[75] soll noch einmal wichtige Inhalte der Traumtheorie und der möglichen Interpretationen verdeutlichen:

In Freuds Buch über die Traumdeutung finden wir die Überschrift „Der Hut als Symbol des Mannes (des männlichen Genitales)". Der dazugehörende Text besagt: Eine verheiratete Frau mit Angst vor freien, großen Plätzen trägt im Traum einen Hut von eigentümlicher Form, „dessen Mittelstück nach oben aufgebogen ist, dessen Seitenteile nach abwärts hängen ... so, dass der eine tiefer steht als der andere." Sie geht an jungen Offizieren vorbei und denkt: „Ihr könnt mir alle nichts anhaben." Freud sagte ihr u.a., da ihr zum Hut kein Einfall kam, der Hut vertrete das männliche Genitale, den Penis und die Hoden. Offensichtlich hatte Freud Erfolg mit dem Versuch, der Frau den Hut als männliches Genitale zu „verkaufen". Sein Text beschließt dieses Beispiel für Symboldeutungen allerdings mit dem völlig überraschenden Satz: Aus anderen Fällen entnehme er, „dass der Hut auch für ein weibliches Genitale stehen kann". Besser als es Freud hier selber tat, kann man die völlig unverbindliche Beliebigkeit seiner Symboldeutungen nicht karikieren.

Freud schätzte sein Buch „Die Traumdeutung" sehr hoch ein, und er war enttäuscht von der Aufnahme, die es fand. Es entwickelte sich (vorläufig) nicht zu einem Bestseller. Erst nach sechs Jahren war die 600 Exemplare umfassende 1. Auflage verkauft.[76] Aber alle Klagen Freuds über zu geringe wissenschaftliche Aufmerksamkeit waren unberechtigt. Das Buch erhielt rasch mehr als 30 Rezensionen; 1909 erschien die 2. Auflage, ihr folgten noch viele – in den verschiedensten Sprachen.

Die Traumdeutung gilt in der Psychoanalyse als Hauptweg, als via regia zum Unbewussten. Freud formulierte 1938 im „Abriss …" über das bislang hier Referierte hinaus: Der Traum bringe Elemente aus einer archaischen Erbschaft zum Vorschein, also angeborene Größen. Diese sollen z.B. alten Sagen und Gebräuchen entsprechen – und seien so eine „nicht zu verachtende Quelle der menschlichen Vorgeschichte"; dieser Gedanke erhielt in der Lehre von C.G. Jung, dem abtrünnigen Freudschüler, eine starke Gewichtung und Ausdifferenzierung, aber keine empirische Absicherung.

Was sagte und sagt die Kritik zur psychoanalytischen Traumdeutung? U.a. wird betont: Freud äußerte sich oft widerspüchlich. Er schrieb einerseits, eine Deutung sei auf die Assoziationen der Träumer angewiesen, suggerierte aber andererseits den Patienten sehr stark seine Deutungseinfälle (s. obiges Bsp. mit dem Hut). Schon 1901 warf ihm ein bedeutender Psychologe, William Stern, vor, er beeinflusse die angeblich „freien" Assoziationen. Zu dem „Hut"-Beispiel meinte Stern, man könne mit ihm alles beweisen (was zugleich bedeutet: Man kann gar nichts mit ihm beweisen). Als merkwürdig wurde z.B. auch die Behauptung angesehen, die Traumwünsche seien immer infantiler Natur. Genau dieses Infantile fehlt beim Hut-Traum wie bei vielen anderen Träumen. Man kann so manchen Traum aus der Gegenwart heraus verstehen, gerade auch Träume mit sexuellem Inhalt. D.h. – wenn man es ernst nimmt: Jeder von uns erfährt in seinen Träumen oft genug, dass Freuds Aussagen unhaltbar sind. Wenn wir als Erwachsene einen Traum von einem Koitus haben: Was soll daran grundsätzlich infantil sein? Was soll daran „verdrängter Wunsch" sein? Sexualträume sind oft ohne weitere Deutung verständlich. Sexuell enthaltsam lebende junge Männer erleben relativ häufig solche Träume mit Pollution (Samenerguss). Es fällt auf, dass Freud keine „einfach" erscheinenden Sexualträume berichtete. Warum sind die Träume in Freuds Texten so gekünstelt? fragt Gibson.[77] Noch schwerer wiegen die Fragen: Wann „stimmt" eigentlich eine Traumdeutung? und welche Kriterien gibt es für das Gelingen/Misslingen einer Deutung?

Die Psychoanalyse sieht die Zustimmung des Patienten als wichtig an. So weit, so gut. Wenn er aber nicht zustimmt? Dann ist die Wahrscheinlichkeit groß, dass dies in der Psychoanalyse als Widerstand interpretiert wird. Man nimmt an: Gerade, weil die Deutung richtig ist, lehnt sie der Patient (zu diesem Zeitpunkt der Therapie) ab; er hat noch nicht die nötige Einsicht. Also: Eine vom Patienten akzeptierte Deutung ist zutreffend; eine vom Patienten abgelehnte Deutung trifft aber auch zu, „verrät" allerdings seinen Widerstand. Was erkennen wir daraus? Patienten (und Kritiker) haben keine Chance, dem Analytiker einmal klar zu machen, dass *er* irrt. Die psychoanalytische Theorie von den Träumen und ihrer Bedeutung ist gegen wissenschaftliche Überprüfungen perfekt immunisiert; das heißt spätestens seit Popper (1969) aber auch: Die Theorie ist unwissenschaftlich. Ein Analytiker, der hartnäckig eine bestimmte Deutungshypothese verfolgt, wird sich immer im Recht wähnen. Wohl in jedem Traum wird es ein Element geben, das als männliches, und ein anderes, das als weibliches Sexualsymbol herhalten kann; auch ein Koitus-Symbol wird sich – vielleicht mit etwas mehr Mühe – finden lassen. Wenn's gar nicht anders ging, dachte Freud ja an die „Darstellung durch das Gegenteil" (also durch die Unähnlichkeit): Beim bekanntesten Traum des sog. „Wolfsmanns" schloss Freud aus der Bewegungslosigkeit der Wölfe, die in einem Baum saßen, auf „heftigste" Koitusbewegungen der Eltern des Jungen. Erntete Freud daraufhin schallendes Gelächter? Nach unserem Wissensstand nicht …

Mit der Grundregel für die freie Assoziation, mit der Methode der Traumdeutung als via regia und mit der Lehre vom Ödipuskomlex war – um 1900 – die Psychoanalyse endgültig begründet. Freud arbeitete danach mehr als 30 Jahre lang als Psychoanalytiker, wobei er seine Lehre immer wieder in Details abänderte, aber die Grundregel, die Traumdeutung und der Ödipuskomplex blieben als Kernbestandteile praktisch unverändert erhalten.

4 Freud auf der Höhe seiner Schaffenskraft

4.1. Interpretation von Fehlleistungen

Vielleicht darf man sagen, Freud war mit dem Buch „Die Traumdeutung" auf den Höhepunkt seiner Schaffenskraft gelangt; er konnte sich einige Jahrzehnte auf diesem Höhepunkt halten bzw. immer wieder zu ihm zurückkehren.

Freud fühlte sich seiner Lehre sicher. „Wir sind im Besitz der Wahrheit", schrieb er 1913 an den Analytiker Ferenczi, ohne sich tiefere Gedanken über den Wahrheitsbegriff zu machen.[78]

Zunächst: Wie erging es ihm „privat" in dieser Zeit zwischen 1900 und 1918? Er wurde nach erfolgter Habilitation nicht umgehend Professor; finanziell ging es ihm „mäßig", eher schlecht. Seine Frau Martha hielt ihm für seine Arbeit den Rücken frei, d.h. sie erledigte den Haushalt und hielt sich aus der Psychoanalyse völlig raus. Man darf annehmen, dass Freud, der relativ vielen Frauen Zugang zu den „inneren Kreisen" der Psychoanalyse gewährte, kein allzu positives Urteil über die geistigen Kompetenzen seiner Frau hatte.

Im Jahr 1900, als er 44 und Martha 39 Jahre alt war, schrieb er an Fließ den nicht leicht zu interpretierenden Satz „Mit dem Kinderzeugen bin ich fertig", was auf jeden Fall in dem Sinn stimmte, dass seine jüngste Tochter Anna bereits geboren war (1895). War sein Sexualverhalten schon auf den Nullpunkt gesunken? Wir wissen es nicht. Depressive Stimmungen überfielen ihn. Erholung suchte er z.B. in den Alpen, etwa in Südtirol, einer damals noch zu Österreich gehörenden Landschaft. Er liebte auch Bildungsreisen nach Italien, doch nach Rom fuhr er erst relativ spät (1901), obwohl gerade diese Stadt ihn magisch anzog – so dass er sie insgesamt immerhin doch siebenmal besuchte; einmal reiste er nach Griechenland.

Freud genoss ein Laster: das Zigarrenrauchen; Max Schur, Freuds Arzt im Alter, schrieb von einer „Nikotinsucht"; sie wird uns – als wahrscheinliche Ursache seiner Krebserkrankung – noch beschäftigen.

1901 erschien schon wieder ein Artikel, der seinen Ruhm stark beförderte, vor allem als 1904 ein Buch daraus entstand mit dem

Titel „Zur Psychopathologie des Alltagslebens". Es schlägt eine Brücke vom Krankhaften (Pathologischen) zum normalen Alltag und handelt von den inzwischen berühmt gewordenen „Fehlleistungen": vom Sich-versprechen, vom Vergessen, Verlesen, Verschreiben, Verlegen, Verlieren etc. Wer seine Bildung demonstrieren will, spricht – begleitet von einem kurzen wissenden Lachen – von einem „Freudschen Fehler", wenn sich jemand verspricht. Freud sah solche Fehlleistungen als nicht-zufällig an. Genauer: „Neben dem einfachen Vergessen kommt auch ein Vergessen vor, welches durch Verdrängung motiviert ist."[79] Sehen wir uns – um Freud zu verstehen – einige von ihm benutzte Beispiele an, zunächst ein „Versprechen". Anlässlich einer Feier sagte ein Mitarbeiter: „Ich fordere Sie auf, auf das Wohl unseres Chefs *aufzustoßen*". Wenn der Untergebene hier *unbeabsichtigt* seine Abneigung gegen den Vorgesetzten zum Ausdruck brachte, wie Freud meinte, so dürfen wir doch fragen: War diese wirklich verdrängt und damit – nach Freuds Lehre – *unbewusst*? Hätte er nicht seinem besten Freund diese Abneigung *bewusst* anvertrauen können?

Vielleicht brachte das Wort „aufstoßen" aber gar keine Abneigung zum Ausdruck! Der „Redner" könnte ganz einfach das Opfer eines bekannten Phänomens geworden sein: Bei Reihungen, d.h. bei Wiederholungen versprechen wir uns leicht. Beim raschen, lauten Aussprechen von Wörtern wie „Individuum" oder „Superintendenten" stolpern viele von uns. Die wiederholten „i" im ersten, die „n" im zweiten Beispiel begünstigen ein Versprechen. Fast niemand kann sog. Zungenbrecher fehlerfrei bewältigen (Fischers Fritze fischte frische Fische); sie enthalten Reihungen, die zu Fehlern führen. Und genau dies gilt auch für das von Freud zitierte Versprechen: „Ich fordere Sie *auf, auf* das Wohl ..." Nach dem zweifachen „auf" ist ein drittes (*auf*zustoßen) nicht unbedingt etwas Überraschendes, das man nur mit einem Rückgriff auf eine Verdrängung interpretieren kann.

Noch stärker wirkt auf den unbefangenen Leser des Freud-Textes wohl eines der Beispiele zum Vergessen fremdsprachiger Wörter. Da heißt es:[80] Er, Freud, sprach während seiner letzten Ferienreise mit einem gebildeten jungen Bekannten u.a. über Juden.[81] Der junge Mann beklagte die Benachteiligung begabter Juden und äußerte gleichsam Rachewünsche; diese wollte er mit einem lateinischen Satz von Vergil untermauern. „Exoriare ex nostris ossibus ultor ...", begann er und merkte, dass etwas nicht stimmte. Freud konnte helfen und korrigierte: „Exoriare aliquis nostris ex ossibus ultor" (Etwa: Aus unseren Knochen wird einer als Rächer hervorgehen). Der Mitreisende hatte also das Wort „aliquis" vergessen. Er kannte Freuds Interesse an Fehlleistungen und forderte eine wis-

45

senschaftliche Erklärung. Dazu musste er aber zunächst einmal zu „aliquis" leidlich frei assoziieren, und lieferte dabei im Kern folgende Wortkette: aliquis, a liquis, Reliqien, Liquidation, Flüssigkeit, fluid, Simon von Trient (dessen Reliqien er vor zwei Jahren gesehen habe), Blutbeschuldigung gegen Juden; ein Zeitungsartikel: „Was der hl. Augustinus über die Frauen sagt"; Erinnerung an einen alten Herrn namens Benedikt … Da merkte Freud an, dass alle genannten Namen auf bedeutende Heilige hinwiesen. Der Mitreisende (= M) ging noch weiter in diese Richtung und nannte den hl. Januarius und sein Blutwunder. Freud (= F) fragte nach, was damit gemeint sei. M: In einer Kirche in Neapel gebe es eine Blutreliquie des hl. Januarius. Dieses Blut werde an bestimmten Festtagen flüssig; das gelte als Wunder. Das Volk werde unruhig, wenn es sich verzögere. So sei es bei einer französischen Okkupation geschehen. Da habe der italienische Heerführer den Pfarrer der Kirche beiseite genommen und das „Wunder" angemahnt, das dann auch eingetreten sei. Nun hatte M einen Gedanken, den er verschweigen wollte. Das verstieß gegen die Spielregel der freien Assoziation; F drängte. M: „Ich habe plötzlich an eine Dame gedacht, von der ich leicht eine Nachricht bekommen könnte, die uns beiden recht unangenehm wäre." F: „Dass ihre Periode ausgeblieben ist?" M: „Wie können Sie das erraten?" F: „Das ist nicht mehr schwierig …" Sogar die Rolle des hl. Simon war Freud schnell klar: Dieser Simon ist als Kind – angeblich von Juden – getötet worden. Dachte der Mitreisende etwa an eine Kindstötung, an Abtreibung? Zugleich drückte seine Fehlleistung aber auch Hoffnungen auf einen Nachkommen (ein Kind) aus, der die Rache übernehmen könnte …

Das Beispiel ist sehr eindrucksvoll; es zeigt nicht zuletzt Freuds extrem gute Allgemeinbildung und seine Lateinkenntnisse. Am Ende steht eine große Interpretationsleistung – oder? Bleiben wir wieder kritisch: Beim motivierten Vergessen soll sich etwas *Verdrängtes* auswirken, das nicht ins Bewusstsein darf. Aber wo im obigen Beispiel spielt Verdrängtes eine Rolle?

Wahrscheinlich ist das Beispiel überhaupt nicht eindrucksvoll im ursprünglichen Sinn; vielleicht war Freuds Interpretation nur ein eindrucksvoller Umweg. Der junge M hatte vermutlich – etwas salopp gesagt – gar nichts anderes im Kopf als furchtvolle Gedanken an eine Schwangerschaft, die sein Leben nachhaltig verändern könnte. Dagegen half nur eine Art „Blutwunder", ein Wiedereintreten der Menstruation. Welchen Gedanken auch immer dieser Mann in diesem Geisteszustand nachhängen würde: Die Furcht vor der Schwangerschaft war praktisch allgegenwärtig. Er würde bei hartnäckiger Befragung danach, was ihm gerade so einfällt, immer auf diesen „Punkt" kommen. Da brauchte es weder des Vergessens eines Wortes wie „aliquis", noch musste etwas „Unbewusstes" bemüht werden.

Der Psychoanalyse-Kritiker H.J. Eysenck, berichtet dazu (1985[82]), er habe in einem Experiment Leute gebeten, ihre Träume zu erzählen und dann frei zu assoziieren. So sei er recht schnell zu den Problemen, Sorgen, Ängsten dieser Leute vorgedrungen, wie es wohl auch in der Psychoanalyse geschehe. Doch er habe dann einen Kontrollversuch durchgeführt: Er habe mehreren Personen A die Träume von anderen Personen B zur freien Assoziation angeboten und umgekehrt. Und siehe da: Die Versuchspersonen kamen mit den fremden Träumen so gut auf ihre Probleme zu sprechen wie mit ihren eigenen Träumen. Frei nach Eysenck: Jede Assoziationskette, die von einem willkürlich gewählten Reiz ausgeht, führt zu dem, was in der „Seele" gerade dominiert. In einem weiten Sinn scheint das deutsche Sprichwort zu passen: Wes das Herz voll ist, des läuft der Mund über.

4.2 Professor Freud; Institutionalisierung der Psychoanalyse

Werfen wir wieder einen Blick auf Freuds Leben: 1897 – als er schon zwölf Jahre habilitiert war – war er für eine Ernennung zum Professor vorgeschlagen worden, aber das zuständige Ministerium lehnte ab. 1901 verlor er die Geduld: Mit Hilfe einiger einflussreicher Damen der Gesellschaft wurde er 1902 zum Professor ernannt. Nun konnte er höhere Honorare verlangen. Freud erklärte die lange Verzögerung mit dem Antisemitismus in Wien und mit einem Widerstand gegen seine Betonung der Sexualität. Diese Erklärungen sind kaum stichhaltig. An der Universität Wien gab es relativ viele Juden, und Sex war gar nicht so tabu; man denke an Krafft-Ebing, der Sexualität längst zu einem wissenschaftlichen Thema – just in Wien – gemacht hatte.

Freud tat 1902 zur dauerhaften Ausbreitung seines Lehrgebäudes etwas sehr Wichtiges: Er schuf eine Institution zur Absicherung der Psychoanalyse. Zunächst gründete er eine kleine Gruppe in Wien, 1910 dann aber auch eine internationale Organisation und etwas später ein „Geheimes Komitee", eine Art geistiger Leibwache, deren Mitglieder durch einen besonderen Goldring mit antiker Gemme ausgezeichnet waren.

Die kleine Wiener Gruppe ist als „Mittwochs-Gesellschaft" in die Geschichte der Psychoanalyse eingegangen; u.a. nahm Alfred

Adler an diesen Treffen in Freuds Wohnung teil. Die Gruppe wuchs rasch von fünf auf 20 Mitglieder, fast nur Juden, was Freud missfiel, denn er fürchtete, man werde die Psychoanalyse als jüdische Marotte abtun. Ein Mitglied der Mittwochs-Gesellschaft, Max Graf, erlebte dort die „Atmosphäre der Gründung einer Religion", Freud als Prophet, die anderen als Apostel ...[83]

Freud sah sich lieber als Feldherrn. Er gestattete keine Abweichung von seiner Lehre, denn er „wusste" ja: „Wir sind im Besitz der Wahrheit".

Mit dem langjährigen Freund W. Fließ kam es 1903 zum Bruch. Anlass waren dessen Gedanken zur Bisexualität, die von Schopenhauer angeregt sein können: Jeder Mensch – so Fließ – habe hetero- und homosexuelle Anteile. Freud lehnte das zuerst ab, änderte dann aber seine Meinung – und hielt sich prompt selbst für den Urheber dieser Bisexualitätslehre. Das nahm er gegenüber Fließ zwar wieder zurück, aber Freud erörterte wohl mit anderen die Thematik weiter, einschließlich einiger neuer Details der Ansichten von Fließ. Einer der Informierten, Otto Weininger, gab 1903 in dem Buch „Geschlecht und Charakter" Gedanken von Fließ als seine eigenen aus, was Fließ mit Recht erboste; er nahm an, seine Ideen seien von Freud über einen Dritten an Weininger verraten worden. Darüber zerbrach die zuvor sehr enge Beziehung zwischen Freud und Fließ.

4.3 Theorie der Libidoentwicklung

Nach einem eher „ruhigen" Jahr 1904 veröffentlichte Freud 1905 wieder einen für die Psychoanalyse wichtigen Text, die „Drei Abhandlungen zur Sexualtheorie". Hier stellte Freud seine Sicht der Sexualität, vor allem unter dem Aspekt der Entwicklung vor. Die heute bekannte Phasenlehre (von der ersten, der oralen Phase, bis zur fünften, der späten genitalen Phase) vertrat er damals noch nicht; daher gehen wir nur kurz auf den Text ein. Die drei Abhandlungen tragen die Überschriften:

1. Die sexuellen Abirrungen

2. Die infantile Sexualität

3. Die Umgestaltungen der Pubertät.

In Teil 1 stellte Freud u.a. seinen Libidobegriff vor: Was der Hunger für den Nahrungstrieb, sei die Libido für den Geschlechtstrieb. Man darf m.a.W. sagen: Hunger und Libido bezeichnen den erlebten Drang zum Nahrungs- bzw. zum Sexualverhalten.

Die Person, welche geschlechtlich anzieht, ist das Sexualobjekt; die Handlung, nach welcher der Trieb drängt, ist das Sexualziel. Dieses Ziel ist normalerweise ein heterosexueller Koitus mit Orgasmus.

Perversionen sind Abirrungen vom Normalen; Freud nannte u.a. Homosexualität, Sadismus und Masochismus. Bei der Erörterung des Masochismus ging Freud davon aus, dass zur Sexualität normaler Männer eine Portion Aggression gehört, „deren biologische Bedeutung in der Notwendigkeit liegen dürfte, den Widerstand des Sexualobjektes noch anders als durch die Akte der Werbung zu überwinden". Dieser Satz fand erst spät die Aufmerksamkeit, die er verdient; er liefert biologistische Argumente zur theoretischen Rechtfertigung von Vergewaltigungen.

Perversionen sind krankhaft, wenn sie das Normale unter allen Umständen verdrängen und ersetzen; als Beispiel wird Leichenschändung genannt.

Freud steigerte seine riskanten Formulierungen noch dahin, dass er schrieb, „Grausamkeit und Sexualtrieb" gehören „innigst" zusammen, wie die Geschichte „über jeden Zweifel" lehre. Belege folgen nicht.[84] Diese Aussagen – wie Gesetzesaussagen formuliert – haben das Denken bei Freud-Anhängern stark beeinflusst; sie haben aber auch den nötigen Widerspruch ausgelöst.

Auf jeden Fall sind diese Sätze projektiv; d.h. sie sagen etwas über den aus, der sie verkündet: Dass Freud seine eigenen Triebregungen richtig beschrieb, darf man nicht abstreiten; aber man kann sich die Verallgemeinerung verbitten, nach der zur Sexualität grundsätzlich Grausamkeit gehören soll.

Bei der Analyse der Abirrungen stellte Freud fest, dass es eigentlich verschiedene sexuelle Triebe gebe; er nannte sie Partialtriebe und als Beispiele u.a. einen exhibitionistischen Partialtrieb, einen voyeuristischen usw. Der Sexualtrieb besteht nach Freud also aus Komponenten, die sich im Fall von Perversionen verselbständigen und dominant werden. Pervertierte wirken sexuell enthemmt, Neurotiker hingegen gehemmt. „Die Neurose ist sozusagen das Negativ der Perversion."[85]

Als „Organe" des Sexualtriebs bzw. seiner Komponenten nannte Freud die „erogenen Zonen". Erogene Zonen sind Schleimhäute (Mund, After, Genitalien); beim Voyeur und Exhibitionisten werde das Auge zur erogenen Zone (was wohl beim Voyeur etwas mehr Sinn macht als beim Exhibitionisten). Geeignete Manipulationen der erogenen Zonen können sexuell erregen.

Die Nasenschleimhaut wurde von Freud nicht als erogene Zone behandelt; vielleicht lag das daran, dass W. Fließ in der Nase „Genitalstellen" ausgemacht zu haben glaubte, die er bei Sexualstörungen operativ manipulierte, wobei er aber – wie Freud erkennen konnte – manchen Schaden anrichtete.

Großes Aufsehen erregte Freud vor allem mit einer Formulierung aus Teil 2 der drei Abhandlungen: jedes Kind sei „polymorph pervers"[86] veranlagt, also in vielerlei Gestalt pervers. Dies brachte Freud Feindschaft ein. Viele Menschen tun sich schwer, kindliche Sexualität anzuerkennen; als völlig unangemessen erscheint den meisten aber die Rede von vielfältigen kindlichen Perversionen.

Die psychoanalytische Entwicklungstheorie tauchte in dieser Arbeit von 1905 nur in einer frühen Fassung auf: Der Mundraum und die Afterzonen wurden als erogene Zonen genannt (für die orale bzw. die anale Phase). Das Kind in der oralen Phase erfährt Lustgewinn vor allem im Mundraum. Freud nahm an, das Lutschen könne zu „einer Art von Orgasmus" führen. In der analen oder anal-sadistischen Phase gewinnt das Kind Lust durch die Darmschleimhaut; es wird ferner unterstellt, dass sowohl die Ausscheidungen als auch ihre Zurückhaltungen vom Kind als subtile Aggressionen eingesetzt werden: Das Kind ärgert seine Eltern einmal durch Einnässen/Einkoten zum falschen Zeitpunkt oder am falschen Ort, ein anderes Mal durch die Verweigerung der Ausscheidung.

Erst in einer späteren Auflage der Schrift wurde als dritte Phase die frühe genitale oder phallische Phase eingeführt. In ihr wird die ödipale Situation durchlebt (s.S. 34). Auf sie folgt die vierte, die Latenzphase, die etwa vom sechsten bis zum zwölften Lebensjahr dauert. Die Pubertät und die späte genitale Phase bilden den Abschluss dieses Entwicklungsmodells.

„Latenz"phase bedeutet, dass die Libidoentwicklung „ruht"; nun wird die sexuelle Energie „sublimiert", d.h. anderen, kulturell hoch geschätzten Zwecken, etwa dem schulischen Lernen, zur Verfügung gestellt.

Freuds Formulierungen sind sehr widersprüchlich:[87]

Über Sexualhemmungen, die sich in dieser Zeit bilden, lesen wir zunächst: „…sicherlich tut die Erziehung viel dazu." Schon der nächste Satz behauptet aber Gegenteiliges: diese Entwicklung sei eine „hereditär fixierte" und vollziehe sich gelegentlich „ohne Mithilfe der Erziehung". Wenn Freud die Argumente ausgingen, berief er sich zum einen gern sehr vage auf die Vererbung; zum andern verwickelte er sich in extreme Widersprüche.

Teil 3 handelt von der Pubertät und ihren Folgen; das Sexualleben blühe in dieser Zeit wieder auf. Freud sah dabei Zusammenhänge zwischen männlich und aktiv (und sadistisch) einerseits, zwischen weiblich und passiv (und masochistisch) andererseits. Er stützte also das bei uns vorherrschende Vorurteil vom eher aktiven Mann und der eher passiven Frau. Interessant ist aber auch, dass Freud in diesem Teil 3 spekulativ so etwas wie (die damals noch nicht ent-deckten) Sexualhormone annahm, als er von besonderen chemischen Stoffen schrieb, die in den Keimdrüsen erzeugt werden und im Zen-tralnervensystem sexuelle Spannungen entstehen lassen.[88]

Oft wird die Meinung vertreten, die „Drei Abhandlungen zur Sexualtheorie" aus dem Jahr 1905 seien der erste wissenschaftliche Text über kindliche Sexualität. Wie man jedoch bei Kern (1979) nachlesen kann, taten sich schon vorher etliche andere Autoren mit einschlägigen Veröffentlichungen hervor: zunächst H. Maudsley (1867), dann u.a. Krafft-Ebing (1886) und H. Ellis (1903). 1905 war also in der Wissenschaft das Thema nicht mehr neu, das Tabu nicht mehr stark.

Etwas überraschen kann die Tatsache, dass Freud erst nach der Veröffentlichung der „Drei Abhandlungen ..." Erfahrungen mit der (psychoanalytischen) Behandlung von Kindern machte. 1909 ver-öffentlichte er die „Analyse der Phobie eines fünfjährigen Knaben", der als „der kleine Hans" bekannt wurde. Diese Analyse blieb seine einzige Kinderanalyse! Genau betrachtet: Freud führte gar keine Psy-choanalyse im engen Sinne durch. Er agierte nur als Berater des Vaters dieses Jungen. Gehen wir etwas ins Detail:

Der Musikwissenschaftler Max Graf gehörte zur erlauchten Mittwochs-Gesellschaft der Freud-Anhänger in Wien, und seine Frau war einmal Patientin Freuds. Insofern war Graf mit Freud gut bekannt oder befreundet. Der „kleine Hans" war Grafs Sohn Her-bert (1903–1973), der als Opernregisseur später relativ bekannt wurde. Der Junge hatte eine Pferdephobie entwickelt; Freud inter-pretierte sie als Angst vor dem Vater und sah den Fall als Beleg für seine Ödipustheorie. Wir erinnern uns: Alle Kinder durchleben nach Meinung Freuds eine ödipale Phase, und Freud nahm also an, dass „Hans" seine Mutter sexuell begehrte, seinen Vater aber eher fürch-tete und hasste. Freud suggerierte von dieser Position aus, die Angst vor Pferden sei zunächst Angst vor dem Penis von Pferden, eigent-lich aber Angst vor dem Penis des Vaters und damit Angst vor dem Vater. Der tiefere Sinn der Phobie war es, dass „Hans" durch sie oft in der Nähe der Mutter bleiben konnte; so brachte ihm sein Leiden eine ödipale Wunscherfüllung. Der Vater besprach mit dem Jungen dessen Ängste; er benutzte dabei psychoanalytische Deutungen, die Freud dem Vater zwischendurch mitteilte; und der „kleine Hans" war eines Tages von seiner Angst befreit.

Kritiker Freuds aus den Reihen der lernpsychologisch orien-tierten Verhaltenstherapie haben den Fall anders interpretiert. Wie Freud mitteilte, erschrak „Hans" eines Tages sehr, als in seiner Nähe ein Pferd umfiel und mit den Beinen um sich schlug. Bald danach wurde die Phobie erkannt. Man könnte sie hinreichend auf dieses reale Schreck- und Angsterlebnis zurückführen statt auf eine Angst vor dem väterlichen Penis ... Eine Phobie kann verhaltensthera- peutisch z.B. dadurch behoben werden, dass man in entspannter Atmosphäre die Angstreize in kleinen Schritten bearbeitet (sog. sys- tematische Desensibilisierung). Das könnte in der psychoanalyti- schen Behandlung des kleinen „Hans" ganz beiläufig geschehen sein: Der Vater sprach z.B. mit dem Kind immer wieder ruhig über Pfer- de, und „Hans" begegnete, wenn er mit den Eltern unterwegs war, relativ oft Pferden in völlig harmlosen Situationen. So war eine Desensibilisierung möglich, und das bedeutet, dass die Angstreaktio- nen zurückgehen konnten. M.a.W.: Der Fall des „kleinen Hans" ist leicht zu interpretieren – ohne die ödipalen Konstruktionen Freuds von Pferde-Penis und Papa-Penis.

4.4 Gastspiele von A. Adler und C. G. Jung

Was ist aus dem ersten Jahrzehnt des 20. Jahrhunderts noch über Freud wissenswert? Er traf 1907 Carl Gustav Jung, einen Schwei- zer Psychiater, der sich zur Psychoanalyse zu bekennen schien. Freud war von dem jungen blonden Mann so beeindruckt, dass er ihn zu seinem Nachfolger aufbauen wollte, zumal an Jung als einem Nicht- Juden antisemitische Vorurteile gegen die Psychoanalyse abprallen konnten. Von Wien aus betrachtet, einer Hochburg des Antisemi- tismus, war dies ein wichtiger Gedanke.

1908 wurde ein erster Internationaler Psychoanalyse-Kongress in Salzburg abgehalten. 1909 reisten Freud und Jung – auf Ein- ladung von Stanley Hall – zusammen in die USA. Hall war ein namhafter Psychologe. Er schrieb das erste Buch über die Jugend- psychologie und auch das erste Buch über die Psychologie des Er- wachsenenalters. Freud und Jung hielten Vorlesungen und wurden zu Ehrendoktoren ernannt. Breuer wurde von Freud noch als Be- gründer der Psychoanalyse erwähnt, und der Fall „Anna O." wur- de so geschildert, als wüsste Freud nichts vom Versagen der Thera- pie. Insgesamt war die Reise zwar ein Erfolg für die Psychoanalyse, aber Freud zeigte dennoch in seinem ganzen weiteren Leben eine antiamerikanische Einstellung. Hatte er ein schlechtes Gewissen, weil er in den USA bewusst Halbwahrheiten vorgetragen hatte? „Amerika ist gigantisch, aber ein gigantischer Irrtum", soll er zu Ernest Jones gesagt haben.[89]

1910 kam es in Nürnberg zur Gründung einer Internationalen Psychoanalytischen Vereinigung. Freud wollte den blonden Siegfried aus der Schweiz, C.G. Jung, gern als Präsidenten dieser Vereinigung auf Lebenszeit sehen und ihn so als seinen Nachfolger bestimmen. Das verhinderten die anderen Teilnehmer; Jung wurde nur auf zwei Jahre gewählt. Zunächst ärgerte dies Freud; kurze Zeit später war er sehr froh darüber. Denn Freuds Leben war durchzogen von Bildungen intensiver Freundschaften und deren dramatischen Beendigungen. Die Abbrüche der Kontakte zu Breuer und Fließ kennen wir schon; die Beziehungen mit Adler und Jung sollen nun in ihren „Hochzeiten" und ihren Trennungen skizziert werden.

1911 zerstritt sich Freud mit Alfred Adler, mit dem er seit 1902 kooperiert hatte und der zur Mittwochs-Gesellschaft gehörte. Adler (1870–1937) wich in mancher Hinsicht von Freuds Lehre ab. Er sah einen Machttrieb als menschlichen Haupttrieb. Geltungsstreben und Minderwertigkeitskomplex waren für Adler zentrale Begriffe, nicht der Ödipuskomplex. Da kannte Freud aber keine Toleranz; er wollte Adlers Austritt aus der Gruppe und hatte bald den gewünschten Erfolg. Die Atmosphäre, in der das geschah, beschrieb Max Graf mit den Worten: „Freud als Oberhaupt der Kirche exkommunizierte Adler."[90] Zusammen mit Adler traten aus der psychoanalytischen Vereinigung mehrere Analytiker aus, die allesamt als Sozialdemokraten der Lehre von Marx, den Freud gar nicht hochschätzte, positiv gegenüberstanden. Freud rühmte sich, die „ganze Adler-Bande" rausgeworfen zu haben, Adler sprach von einem „freiwilligen" Austritt. Er gründete eine eigene tiefenpsychologische Schule, die „Individualpsychologie" genannt wird.

Freud ließ kein gutes Haar an Adler, der ein zum Christentum übergetretener Jude war. So schrieb Freud über ihn nach dessen Tod (1937) in Schottland an Arnold Zweig: „Für einen Judenbuben aus einem Wiener Vorort ist ein Tod in Aberdeen, Schottland, eine unerhörte Karriere ..." Diese Briefstelle ist makaber: Freud konnte 1937 noch nicht ahnen, dass er selbst, dessen Wiege in dem unbedeutenden tschechischen Ort Pribor stand, ein Jahr später nach England emigrieren und zwei Jahre später in London sterben würde ... Ob Adler vergleichbare Worte über Freuds Schicksal geschrieben hätte?

Als Freud 1911 mit Adler brach, schüttete er sein Herz u.a. bei Jung, seinem Kronprinzen, aus; offensichtlich deutete für Freud noch nichts darauf hin, dass der unüberbrückbare Konflikt mit Jung auch schon unmittelbar bevorstand. Denn auch dieser maß der Sexualität nicht die Bedeutung bei, die Freud für notwendig hielt – und Jung war so voller Vorurteile gegenüber Juden, dass es ihm 1934 leicht fallen wird, Lobeshymnen auf „die gewaltige Erscheinung des Nationalsozialismus" zu singen.[91] Eine Episode, die 1913 zur Trennung der beiden beigetragen haben könnte, wird meist verschwiegen: In ihrem Mittelpunkt stand die spätere Analytikerin

Sabina Spielrein, 1904 erste Psychoanalysepatientin Jungs. Übertragung und Gegenübertragung wurden von Jung in diesem Fall nicht hinreichend kontrolliert; so kam es zu einer Liebesbeziehung zwischen beiden. Freud erfuhr wohl 1909 von der Affaire; er verstieß Jung nicht, stellte sich vielmehr sogar hinter ihn, aber man darf dennoch annehmen, dass Spannungen auftraten.

Die Trennung von Freud und Jung wurde unvermeidlich, als Jung 1. die Libido nicht mehr als Sexualenergie, sondern als allgemeine psychische Energie verstand und als er 2. den Ödipuskomplex als einen Irrtum einstufte.[92] Nach einem Briefwechsel, in dem Jung u.a. dagegen rebellierte, dass Freud ihn in Briefen wie einen Patienten behandelte, beendete Freud 1913 die privaten Beziehungen.

1914 trat Jung aus der Internationalen Vereinigung aus, deren Präsident er war. Freud kommentierte das in einem Brief: „Jung ist verrückt."[93]

Ähnlich wie Adler gründete auch Jung eine eigene „Schule", die er „Analytische Psychologie" oder auch „Komplexe Psychologie" nannte. Seine Lehre vom Kollektiven Unbewussten, nach der wir Spuren alter Glaubensinhalte und alten Wissens in uns tragen und weitervererben, widerspricht biologischen Gesetzen. Der hier von Jung vertretene sog. Lamarckismus[94] ist zwar in der Biologie „erledigt"; aber das hindert letztlich niemand, aus ihm Honig für beliebige Esoterik zu saugen. Mancher Theologe scheint von Jung in diesem Kontext Gottesbeweise zu erhoffen. Dagegen wandte Jung frühzeitig ein: Seine Psychologie erlaube es nur, ein bestimmtes Bild in uns als „Gottesbild" zu bezeichnen. „Über eine mögliche Existenz Gottes ist damit weder positiv noch negativ etwas ausgesagt", so wenig wie das alte Bild „des ‚Helden' das Vorhandensein eines solchen" beweise.

Die Trennungen von Adler und Jung waren wohl sehr kritische Lebensereignisse für Sigmund Freud. In Briefen brachte er seinen Zorn zum Ausdruck. Wissenschaftlich wollte er mit ihnen in der Falldarstellung vom „Wolfsmann" abrechnen (s. Kap. 4.8).

4.5 Ausweitungen der Psychoanalyse zum Interpretationsinstrument für alles

Noch während die freundschaftliche Beziehung mit Jung andauerte, wurde Freud von dem Ehrgeiz erfasst, die Grenzen der klinischen Psychologie zu verlassen und die Anwendungsfelder der Psychoanalyse zu erweitern. Er bot die Psychoanalyse als Instrument an, die Mythen der Welt ebenso wie die Werke und die Lebensläufe großer Menschen zu interpretieren; er wollte die Rätsel der Geschichte lösen. Nicht zuletzt die Biographien von Künstlern und Schriftstellern sollten psychoanalytisch durchdrungen werden; es sollten z.b. ihre unbewussten Motive aufgedeckt werden, obgleich sich 1910 der Analytiker Wittels bei einem solchen Versuch blamiert hatte, als er den wortgewaltigen Journalisten Karl Kraus und dessen Zeitschrift „Die Fackel" angriff. Kraus war in Wien Mitarbeiter der „Neuen Freien Presse" gewesen, die er verließ, um „Die Fackel" zu gründen, in der er u.a. dann die „Neue Freie Presse" angriff. Da deutete Wittels in aller Schlichtheit die „Neue Freie Presse" als den großen Penis des Vaters und „Die Fackel" als den kleinen Penis von Karl Kraus, der den großen Penis vernichten wollte. Natürlich ging „Die Fackel" zum Gegenangriff gegen diese ödipale Spielerei vor und zwar so vehement, dass Freud beschloss, Schweigen sei in diesem Fall die beste Taktik.

Freud hatte in Kraus zunächst einen Verbündeten gesehen; aber Kraus entwickelte sich spätestens während der Reaktion auf Wittels zu einem Psychoanalyse-Kritiker, der den bitterbösen Satz formulierte, die Psychoanalyse sei die Krankheit, für deren Therapie sie sich halte …

Im Übrigen hielt sich Freud selbst aber nicht schweigsam zurück; vor und nach Wittels löste er große und vor allem ganz kleine Welträtsel mit Hilfe der Psychoanalyse. 1907 interpretierte er z.B. eine Novelle mit dem Titel „Gradiva" von W. Jensen; Freud äußerte in einer Diskussion,[95] Jensen habe wohl eine Schwester sehr geliebt, die er vielleicht durch den Tod verloren habe. Das Mädchen müsse an einem Gebrechen, etwa einem Spitzfuß gelitten haben. Solche Details entnahm Freud irgendwelchen Anzeichen. Jensen – um einen Kommentar gebeten – teilte u.a. mit, dass er nie eine Schwester gehabt habe, dass aber seine erste und zweite Liebe jeweils mit dem Tod des Mädchens endete. Nichts von einem Spitzfuß! Jensen verweigerte ein Treffen mit Freud. Alles in allem: kein sehr großer Erfolg für Freuds literarischen Ausflug.

4.6 Ein Pleitegeier – kommt selten allein

Der Misserfolg mit Jensen hinderte Freud nicht, 1910 eine Episode aus dem Leben Leonardo da Vincis unter dem Titel „Eine Kindheitserinnerung des Leonardo da Vinci" zu interpretieren. Dieser

Text sollte nicht zuletzt Belege für Freuds Lehre enthalten, männliche Homosexualität könne eine Folge überstarker Mutterbindungen sein. Weil die Arbeit 1990 vom Fischer-Verlag, Frankfurt, erneut als „aktuelles" kleines Buch veröffentlicht wurde, sei sie hier etwas näher beachtet. Der Text rankt sich um einen einzigen autobiographischen Satz Leonardos, der von Freud so zitiert wurde: „Es scheint, dass es mir schon vorher bestimmt war, mich so gründlich mit dem Geier zu befassen, denn es kommt mir als eine ganz frühe Erinnerung in den Sinn, als ich noch in der Wiege lag, ist ein Geier zu mir herabgekommen, hat mir den Mund mit seinem Schwanz geöffnet und viele Male mit diesem seinem Schwanz gegen meine Lippen gestoßen."

Ein Wort drängte sich Freud sogleich zur Deutung auf: Es ist das Wort „Geier". Er assoziierte dazu schnell dessen Bedeutung in altägyptischen Mythen: Ein Geier bzw. Geierkopf diente als Schriftzeichen, als Hieroglyphe für die Muttergöttin Mut. Freud war fasziniert von der Ähnlichkeit des ägyptischen Namens „Mut" mit unserem Wort „Mutter" und von der altägyptischen Auffassung, es gäbe nur weibliche Geier und sie würden vom Wind befruchtet. Mütterliches, genauer: eine besondere Mutterbindung müsste also für Leonardo eine große Rolle gespielt haben, schloss Freud aus der Rolle des Geiers in der Kindheitserinnerung. Freud sah Leonardos Homosexualität als Konsequenz der vermuteten starken Mutterbindung: Ein Mann, der übermäßig an seine Mutter gebunden ist, kann zu anderen Frauen keine Liebesbeziehungen mehr aufnehmen. Freud wusste, dass Leonardo unehelich geboren war und schließlich durch die Heirat seines Vaters eine Stiefmutter bekam. Um diesen Kern herum konstruierte er, dass beide Mütter den kleinen Jungen sehr liebten und verzärtelten. Zunächst habe Leonardo drei bis fünf Jahre lang bei der leiblichen Mutter gelebt, die ihn mit Zärtlichkeiten überschüttet habe; dann sei Leonardo vom Vater adoptiert worden, und dessen Frau, Leonardos Stiefmutter, habe das Kind gleichfalls sehr zärtlich geliebt. So entstand eine besondere Mutterbindung. Hier können nicht alle wichtigen Details berücksichtigt werden. Der zentrale „Witz" des Büchleins liegt in folgender Tatsache: Nachdem der Geier aus der Kindheitserinnerung so relevant geworden und ein kleines Buch voller kühner Interpretationen entstanden war, stellte sich heraus, dass Freud einen Übersetzungsfehler begangen hatte. Im italienischen Urtext wurde der Vogel, der vom Himmel herabgekommen war, als „nibbio" bezeichnet. Ein „nibbio" aber wird in korrekter Übersetzung nicht zu einem Geier, sondern zu einem roten Milan, auch Gabelweihe und allerdings auch Hühnergeier genannt. Doch ein Hühnergeier ist so wenig ein Geier wie ein Walfisch ein Fisch ist. Was das merkwürdige Verhalten des Tieres anbelangt, so kommt es tatsächlich vor, dass ein Milan in einer Art Sturzflug auf Menschen herabschießt, wohl um mit ihnen zu spielen. Doch wenn der Vogel in Leonardos Erinnerung gar kein Geier, sondern ein roter Milan ist, dann bricht die ganze Konstruktion um den Kern „Geier = Muttersymbol = Hinweis auf besondere Mutterbindung = Erklärung der Homosexualität" in sich zusammen. Nicht so für Freud und eingefleischte Freudianer. Wiener Analytiker reagierten auf den Fehler mit dem protokollierten Satz, „dass ein Milan ja auch ein Vogel ist wie der Geier." Daran zweifelt niemand; nur hätte ein Milan nicht zu der fantasievoll konstruierten Mutterbindung und Erklärung der Homosexualität geführt.

Freuds Anhänger versuchten u.a., ihn ein wenig dadurch zu entschuldigen, dass sie den Übersetzungsfehler anderen unterschoben. Damit hatten sie einigen Erfolg, denn auch der Freud-Biograph Clark übernahm diese „Verschiebung".

Bei Freudianern darf man aber immer noch Hoffnungen auf eine weitere Steigerung des unfreiwilligen Humors haben. 1944 wurde aus dem Geier ein Adler (eagle); das hinderte den Autor nicht, nun diesem Tier die ganze Last der ägyptischen Muttersymbolik mit der sehr windigen Befruchtung weiblicher Geier aufzuladen.[96]

Das 1990 neu aufgelegte Buch enthält auf dem Umschlag zwar einen Kommentar, darin aber kein Wort von der großen Fehlleistung Freuds. Vielmehr lesen wir aus der Feder von Arnold Zweig, Freuds Text sei spannend und von einer „Vorsicht der Deutung, dass man nur ja sagen und begeistert den Kopf schütteln kann." Nein, man muss nicht „ja" sagen, aber man muss tatsächlich den Kopf schütteln ob dieser Ahnungslosigkeit des Schriftstellers und der Unverfrorenheit des Verlags, der es natürlich längst besser wissen musste.

Dieser Werbetext stellt aber immer noch nicht den Gipfel der Kuriositäten um Freuds Abhandlung dar. Der psychoanalytisch orientierte Oskar Pfister „erkannte" in Leonardo da Vincis Bild „Heilige Anna selbdritt", das im Louvre hängt, einen Beweis für Freuds Gedankengang: In dem Bild, das Jesus, seine Mutter Maria und seine Großmutter Anna zeigt, kann man mit etwas Mühe auch einen Geier sehen. Während Studierende sich in Seminaren schwertun, die Wahrnehmung dieses Geiers nachzuvollziehen, schrieb Pfister: „Auf dem Bilde ... findet sich nämlich in voller Deutlichkeit der Geier, das Symbol der Mütterlichkeit." Pfister bedachte nicht, dass man auf jedem detailreichen Bild irgendwo so etwas wie einen Geier oder ein Stück Schweizer Käse oder ein männliches Sexualsymbol ausmachen kann. Auch C.G. Jung erkannte einen Geier auf dem Bild! War es der gleiche? Dann könnte doch etwas dran sein an der besonderen Beziehung Leonardos zu Geiern? Ja vielleicht, wenn

Jung nicht mitgeteilt hätte: „Ich sah auch einen [Geier], aber an einer andern Stelle: der Schnabel ist gerade in der Region der Pubes."[97] Nicht jeder, der in Bildern etwas finden will, sucht an der gleichen Stelle; doch wo jemand mit lebhafter Fantasie suchet, da findet er.

Freud stand seinem Leonardo-Text etwas zwiespältig gegenüber. Er behauptete: „Das Charakterrätsel Leonardo da Vinci ist mir plötzlich durchsichtig geworden" (1909); aber er schrieb auch: „Es ist übrigens auch halb Romandichtung" (1914). 1919 urteilte er, das Werk sei „das einzig Schöne, das ich je geschrieben."

Das Büchlein ist wirklich stilistisch hervorragend; umso „grausamer" ist die Tatsache, dass es – wo es doch eigentlich der wissenschaftlichen Eroberung der Mythologie dienen sollte – nichts anderes ist als ein weiteres, allerdings unfreiwilliges Märchen.

Freud stand 1931 noch zu seinem Werk, obgleich ihm der Übersetzungsfehler seit 1923 bekannt war.

Was sagt uns die Forschung über Leonardos Entwicklung? Man weiß, dass er 1452 unehelich geboren wurde und im väterlichen Haushalt von seiner Stiefmutter, die kinderlos blieb, aufgezogen wurde. Man weiß aber auch, dass die Spekulationen Freuds, Leonardo sei drei bis fünf Jahre lang von der leiblichen Mutter mit Zärtlichkeit überschüttet worden, falsch sein dürften, da Leonardo bald nach seiner Geburt von seinem Vater aufgenommen wurde. Die Tatsachen sind also anders als von Freud gedacht.

Bei Autor(inn)en von kunstgeschichtlichen Büchern scheint sich der Übersetzungsfehler Freuds noch nicht herumgesprochen zu haben. Zwei unsystematisch gesammelte Beispiele: Eine Leonardo-Biographie[98] von 1987 (bzw. 1983) und ein Buch[99] von 1992, das in tiefenpsychologischer Manier sexuelle Inhalte bei Kunstwerken aufdecken will, beziehen sich völlig ahnungslos auf Freuds Leonardo-Text.

Freud wollte mit Hilfe der Psychoanalyse die großen Phänomene der Kultur (Kunst, Religion, Wissenschaft) durchleuchten und tat 1913 den nächsten kühnen Schritt in diese Richtung mit der Schrift „Totem und Tabu". Sie war nicht zuletzt als Spitze gegen C.G. Jung und gegen die christlichen Religionen gedacht. Freud zeichnete in ihr ein Bild von der Entstehung der menschlichen Gesellschaft. Dabei nahm er an – gestützt auf J. Frazer und Ch. Darwin – dass die Menschen ursprünglich in kleinen Horden lebten, geführt von einem älteren Mann, der alle Frauen für sich in Anspruch nahm. Freud griff Informationen über die Ureinwohner Australiens auf, und schrieb, dass die australischen Stämme aus Sippen (Clans) bestehen, „von denen sich jeder nach seinem Totem benennt."[100] Meist handele es sich um ein Totemtier, das als Urahn des Menschen verehrt wird und nicht getötet werden darf. Bei bestimmten Anlässen jedoch wird das Totemtier geopfert und gegessen – in einer Art Kommunion. Für Freud war das Totemtier – nicht überraschend – ein Symbol, nämlich ein Ersatz für den Vater. Nach Freud lehnten sich in unserer Vorgeschichte die Söhne in den Horden gegen die Väter auf, töteten sie, verzehrten sie und nahmen sich die Frauen. Sie lebten also ihre ödipalen Tendenzen aus. Doch erwuchsen ihnen daraus Schuldgefühle, und diese führten zu folgenden zwei elementaren Tabus (tabu = heilig, unheimlich, verboten):

1. Sex in der eigenen Gruppe wird verboten (= Inzesttabu), und
2. Töten innerhalb der eigenen Gruppe wird verboten (= Tötungstabu).

Lapidar gesagt: So wurde Kultur möglich.

Der für die Psychoanalyse wichtige Ödipuskomplex spielte also auch in Freuds Gedanken über die frühe Menschheitsentwicklung (Anthropogenese) eine entscheidende Rolle. Die vorgeschichtlichen Handlungstendenzen (zum Vatermord etc.) vererbten sich nach Freuds Meinung und wurden so zum Ursprung des individuellen Ödipuskomplexes. Auf diese Weise interpretierte Freud, wie er selber meinte, die christliche Lehre von der Erbsünde der Menschheit neu: Am Anfang stand nicht das Apfelbäumchen im Paradies, sondern die Tötung des Vaters. Dieser Ur-Ödipus-Komplex wurde nun von Generation zu Generation weitergegeben. Das Christentum bekenne sich „am unverhülltesten zu der schuldvollen Tat der Urzeit"; die Kommunion entspreche der alten Totemmahlzeit.

Die Kritik könnte (wieder) am deutlichen Lamarckismus ansetzen: Eine Vererbung erworbener Handlungstendenzen gibt es nicht. Freud kam aber jeder Kritik zuvor, indem er anbot, man solle die Arbeit nicht ernst nehmen, er habe sie „an einem verregneten Sonntagnachmittag ausgedacht".

Aber ergänzende Informationen seien hier doch angefügt. Marianne Krüll verknüpft zwei Tatsachen miteinander: 1913 erschien das Buch „Totem und Tabu"; 1913 kam es auch zum Bruch zwischen Freud und Jung. Freud sah sich als Urvater der Psychoanalyse. Er fürchtete – im Sinn seiner Ödipuslehre – von seinen „Söhnen" erschlagen zu werden, vor allem von Jung. Aber er kam Jung zuvor, indem er ihn verstieß. Hier wird also – von Marianne Krüll – ein Motiv für die dramatischen Beendigungen seiner Freundschaften gesehen: Freud fürchtete den Ödipuskomplex seiner wissenschaftlichen Söhne, also z.B. die Hassgefühle von Jung und brach mit ihm …

Freud blieb am Ball, d.h. er interpretierte weiterhin bedeutende Phänomene aus Kunst, Religion etc. 1914 – ein Jahr nach „Totem und Tabu" – veröffentlichte er einen Essay „Der Mann Moses des Michelangelo", allerdings zunächst anonym – und dadurch eine gewisse Unsicherheit andeutend. Diese Arbeit bezieht sich auf die riesige Moses-Statue von Michelangelo, die in der Kirche San Pietro in Vincoli in Rom bewundert werden kann und wahrscheinlich zwischen 1513 und 1516 für ein Grabmal des Papstes Julius II. aus einem einzigen großen Marmorblock geschaffen worden ist. Die Figur erreicht, obwohl Moses sitzend dargestellt ist, eine Höhe von 2,52 m; besondere Merkmale sind u.a. ein markanter Bart, zwei „Hörner" über der Stirn und zwei (Gesetzes)Tafeln unter der rechten Hand.

Laut Bibel erhielt Moses zweimal Gesetzestafeln von Gott ausgehändigt. Die ersten zerschlug Moses aus Zorn, als er zu seinem Volk heimkehrte und die Israeliten ums Goldene Kalb tanzen sah (2. Mose 32.19). Wenig später musste Moses selber für die zerschlagenen Tafeln neue erstellen, die aber wieder von Gott beschrieben wurden. Als Moses von dieser zweiten Begegnung mit Gott zurückkam, *glänzte* „die Haut seines Angesichts". (Eine andere Übersetzung dieser Bibelstelle lautet: „Es *strahlte* die Haut seines Angesichts."[101]) Zu erneutem Zorn bestand kein Anlass (2. Mose 34.29). Aber Freud glaubte, die Statue neu interpretieren zu müssen: Nach seinem Urteil wird das Werk meist so verstanden, als sei Moses gerade im Begriff, die Tafeln voll Zorn zu zerschmettern. Freud sah Moses hingegen als einen Mann, der seinen Zorn – gemischt mit Schmerz und Verachtung – beherrscht und die Tafeln heil lässt. Dies leitete er recht kunstvoll aus Details der Skulptur ab. Freud hätte sich seine mühsamen Überlegungen jedoch sparen können, wenn er auch die zweite Bibelstelle bedacht und die „Hörner" beachtet hätte. Schon lange war bekannt, dass die *Hörner* auf einen Übersetzungsfehler zurückgehen und der Text sich eigentlich auf den *Glanz* auf seiner Haut bzw. auf die *Strahlen* bezieht. Von Michelangelo dargestellt ist also der Moses nach der zweiten Bibelstelle, die nicht von Zorn oder gar Beherrschung des Zorns handelt – und die von Freud nicht in seine Überlegungen einbezogen wurde.

Wie kann man sich die grandiose Fehlleistung Freuds erklären? Die Annahme ist erlaubt, dass sich Freud – als Begründer der Psychoanalyse – mit Moses, dem Begründer der jüdischen Religion identifizierte;[102] in einem 1912 geschriebenen Brief verglich er sich tatsächlich mit Moses. Dies war genau die Zeit, in der er sich immer mehr von Jung distanzierte. Freud erlebte sich selbst so, wie er die Statue interpretierte: voll Zorn, aber mühsam beherrscht – um eines hohen Zieles willen. Er projizierte seine Gefühlslage auf das Kunstwerk. Somit sagt der Text „Der Moses des Michelangelo" weder über Moses noch über Michelangelo viel aus, wohl aber über

Freud. Zumindest zeigt die Schrift einmal mehr, wie wenig vorsichtig Freud bei seinen Interpretationen war. Indem er sich die falsche Bibelstelle aussuchte, boxte er – nach einer bekannten Metapher – nur einen selbstgebastelten Strohmann um; eine andere Angriffsfläche bot sich ihm eigentlich nicht.[103]

4.7 Internationale Durchsetzung der Psychoanalyse

Wir stehen in unserer Freud-Biographie im Jahr 1914, dem Jahr, in dem der erste Weltkrieg begann. Freud erlebte den Kriegsausbruch als optimistischer Patriot. Sein Patriotismus umspannte sowohl Österreich als auch Deutschland; er lebte anfangs „von einem deutschen Sieg zum andern."[104]

Am Sieg der beiden „Mittelmächte" und am Sinn des Krieges begann er erst spät zu zweifeln; noch 1916 glaubte er der deutsch-österreichischen Propaganda.

Als sich die Niederlage abzeichnete, durfte man sich fragen, ob die Psychoanalyse Gefahr lief, als „deutsche" Institution abgewertet zu werden. So kam es aber nicht; denn während des Krieges wurden auf *beiden* Seiten der Front Psychoanalytiker eingesetzt, um bestimmte psychische Störungen, die man „Kriegsneurosen" nannte, zu behandeln; offensichtlich mit Erfolg. Es tat den betroffenen Soldaten wohl gut, nicht als Feiglinge oder als Simulanten angesehen zu werden. Stattdessen fanden sie bei psychoanalytisch orientierten Ärzten ein offenes Ohr. Allerdings muss man den Begriff „psychoanalytisch" hier mit großer Zurückhaltung benutzen. Ein Beispiel: Der Berliner Arzt und Sexualforscher Albert Moll, der seine Studien etwa parallel zu Freud veröffentlichte und sich immer mehr mit diesem verfeindete, teilte mit, er habe im Krieg einen Arzt in 14 Tagen zum Analytiker ausgebildet, obgleich er selbst kein Analytiker war ... Dieser Arzt habe dem Vaterland während der restlichen Kriegsjahre gute Dienste geleistet.[105]

Freud und seiner Praxis ging es im ersten Weltkrieg zunehmend schlecht: Die Zahl der Patienten sank. Vom Militär wurde Freud selber offensichtlich nie zur Mitarbeit aufgefordert, und er bot sich wohl nie ausdrücklich an.

In den USA hatte Freud ja 1909 Werbung für seine Sache machen können. Aber auch die dortige Psychoanalyse war eine fragwürdige Gruppierung: Es gab etliche selbst ernannte Psychoanalytiker und schon allein in New York mehr als 100 Therapeuten, die sich auf die Psychoanalyse beriefen. Henry Miller, der bekannte Autor großer erotischer Romane, schildert in „Sexus",[106] wie auch er sich vorübergehend – ohne jede Ausbildung – als Psychoanalytiker betätigte und im voraus zehn Dollar pro Sitzung verlangte. „Ich merkte sofort, dass man allein dadurch, dass man die Rolle eines Heilenden annimmt, tatsächlich ein Heilender wird", schrieb Miller, vermutlich ohne Ironie, um etwas später zu ergänzen: „Jeder wird ein Heilender, sobald er nicht mehr an sich selbst denkt."

Die Kritik machte Freud zwar für solche Missstände verantwortlich, aber das Bedürfnis nach dem Sich-aussprechen-dürfen war weltweit so groß, dass es kein Aufhalten der Psychoanalyse gab. Sie fand zunehmend internationale Anerkennung.

In England hatte sie einen starken Fürsprecher in Ernest Jones; er hatte 1913 die Londoner Psychoanalytische Vereinigung gegründet.

Was produzierte Freud in den Kriegsjahren? 1915 erschien der Aufsatz „Zeitgemäßes über Krieg und Tod", den er – in der Hoffnung auf Widerspruch? – selbst einmal als „Gewäsch" über Krieg und Tod bezeichnete.[107] Freud betonte, dass die Psychoanalyse im Recht war: Der Erste Weltkrieg zeige, wie schwach der (bewusste) Intellekt relativ zu den Trieben aus dem Unbewussten sei.

1916/17 veröffentlichte Freud seine „Vorlesungen zur Einführung in die Psychoanalyse". Sie wurden ein großer Erfolg und zu Lebzeiten Freuds in 14 Sprachen übersetzt. Trotz der Anerkennungen wurde Freud zunehmend depressiv; er glaubte, bald sterben zu müssen. Allmählich sah er auch den Krieg als verloren an und ahnte die schweren Verknappungen an Nahrungsmitteln und Heizmaterial, die dann eintreten würden.

In diesen Jahren begab sich Freud auch immer wieder auf wissenschaftliches Glatteis; er wandte sich z.B. unkritisch dem Lamarckismus zu: Die These von der Vererbung erworbener Eigenschaften galt zwar schon vor hundert Jahren in der Biologie als widerlegt; das schreckte Freud jedoch nicht ab. Er verstieg sich, wenn man Jones glaubt,[108] einmal zu der Aussage, die Biologen „hätten alle unrecht", und bereitete damit auch einigen seiner treuesten Anhänger Sorgen. Sulloway formulierte, Freud habe einen extremen Drang gehabt, „eine historische und phylogenetische Erklärung" für psychische Störungen zu finden; man darf ergänzen: Freud zeigte diesen Drang bei nahezu allen ihm wichtig erscheinenden Phänomenen. Die Spekulation in die – kaum überprüfbare – Vorgeschichte „war Freuds letzte Antwort auf viele Schwierigkeiten, die seine grundlegendsten psychoanalytischen Behauptungen zu untergraben drohten".[109]

Zwiespältige Erfahrungen machte Freud mit dem Nobelpreis. Immerhin wurde er zweimal für den Medizinpreis vorgeschlagen, aber er erhielt ihn nicht, weder im Ersten Weltkrieg noch später. Dazu äußerte er in einem Brief, dass er es „glänzend vertragen" habe, übergangen zu werden. Aber wer etwas so stark betont, bei dem darf man das Gegenteil der Aussage für wahr nehmen: Freud wollte den Nobelpreis ... Clark behauptet, Freud, der wohl oft an den Nobelpreis dachte, habe am Ende seines Lebens einmal gesagt, er würde den Preis ablehnen, wenn er ihm angeboten würde. Aber das Nobel-Komitee tat ihm den Gefallen nicht.[110]

1918 fand in Budapest – noch während des Krieges – wieder ein Internationaler Kongress statt, der nicht sonderlich international war: Mehr als 30 Fachleute nahmen aus Österreich/Ungarn teil, ferner drei Deutsche und drei Holländer. Wichtiger war die Tatsache, dass zwei Kaiserreiche (Österreich/Ungarn und das Deutsche Reich) Beobachter entsandten. Man erhoffte sich Hilfen für die Frontsoldaten. Freud gab auf dem Kongress der Erwartung Ausdruck, dass für die Psychoanalyse bald Kliniken errichtet würden, in denen man Kranke unentgeltlich behandeln würde. Ihm schwebte wohl eine Psychoanalyse für jedermann vor.

Kurz danach war der Ersten Weltkrieg vorbei; die Kaiser mussten abdanken; ihre Reiche zerfielen oder wurden unter Missachtung des Selbstbestimmungsrechts der Völker so rücksichtslos beschnitten, dass der Sprengstoff zum nächsten Weltkrieg bereitgelegt war. Freud, der immer noch erstaunlich patriotisch-militaristisch dachte, klagte mit Bezug auf die deutsche Armee: Wenn man die Psychoanalyse stärker beachtet hätte, wäre „das großartige Instrument" (die Armee) „den deutschen Kriegskünstlern nicht in der Hand zerbrochen."[111]

Am Kriegsende stand Freud als Privatmann insofern relativ gut da, als seine beiden Söhne, die Soldaten gewesen waren, gesund heimkehrten, und seine englischen Verwandten Lebensmittel schickten; auch ein Schwager, der es in den USA zu Wohlstand gebracht hatte, und frühere ausländische Schüler leisteten Hilfe, nicht zuletzt mit Geld aus harten Währungen.

4.8 Freuds berühmtester Fall: der Wolfsmann

Das Jahr 1918 wurde zum Erscheinungsjahr seiner letzten und größten Fallstudie. Freud schrieb insgesamt nur wenige, nämlich neun Fallgeschichten. Sie geben keine Auskunft darüber, ob Freud ein guter Therapeut war bzw. die Psychoanalyse eine gute Therapie ist. Einmal soll er über sich gesagt haben: „Ich bin ... zu patriarchalisch, um ein guter Analytiker zu sein", einmal sogar: „Ich habe viele Beschränkungen als Analytiker. Erstens werde ich der Leute müde. Zweitens bin ich im Grunde nicht an der Therapie interessiert."[112] Das sind ja wohl etwas überraschende Worte vom Begründer der Psychoanalyse.

Die theoretischen Probleme der Psychoanalyse faszinierten ihn also weit mehr als die Praxis.

Die wohl bekannteste Fallstudie Freuds trägt den Titel: „Aus der Geschichte einer infantilen Neurose." Sie handelt vom sog. Wolfsmann. Über ihn gibt es inzwischen mehrere Bücher. Eins davon – herausgegeben von der Psychoanalytikerin M. Gardiner – heißt: „Der Wolfsmann vom Wolfsmann." Auf dem Umschlag der deutschen Ausgabe von 1972 steht in großer Schrift zu lesen: „Sigmund Freuds berühmtester Fall."

Das Buch beginnt in dieser deutschen Fassung mit einer wunderschönen Doppeldeutigkeit, mit einer subtilen Fehlleistung. Gardiner schreibt,[113] es handle sich um einen Fall, „der von der Kindheit bis ins hohe Alter verfolgt wurde." Genau so kann man es vorweg zusammenfassen: Der Wolfsmann wurde sein Leben lang von den Psychoanalytikern „verfolgt".

Das Buch hat drei Hauptteile:

1. „Die Erinnerungen des Wolfsmanns." Der Wolfsmann erzählt sein Leben, ohne viel auf die Psychoanalyse einzugehen.

2. „Die Psychoanalyse und der Wolfsmann." Hier beschreibt der Wolfsmann seine Erinnerungen an Freud; es folgen die „klassische" Falldarstellung Freuds von 1918 und ein Nachtrag von R. Mack Brunswick (1929).

3. „Der Wolfsmann im späteren Leben." Dieser Teil geht auf seine Begegnungen mit M. Gardiner ein, der Herausgeberin des Buches.

Wir kennen aus anderen Quellen den Namen des Wolfsmanns und etliche Daten: Dr. Sergej Pankejeff, 1887 in Russland als Kind adliger, extrem reicher Eltern geboren, starb 1979 verarmt in Wien.

Er wurde als 23-Jähriger (1910) Patient von Freud. Seine Behandlung dauerte bis 1914, also etwa 4 Jahre. Der Bericht darüber gilt als „die ausführlichste und zweifellos wichtigste Krankengeschichte Freuds".[114] Freud wollte mit dem „Wolfsmann" u.a. gegen Adler und Jung den Beweis erbringen, dass jede Erwachsenenneurose auf einer Neurose in der Kindheit aufbaut, was die beiden Abtrünnigen verleugneten. Diese Absicht wirkte sich so aus, dass Freud über die Behandlung des erwachsenen Patienten fast nichts schrieb; viel mehr ging er auf die frühe Kindheit von Sergej ein, wie er sie in der Analyse rekonstruiert hatte. Wir erfahren im Text zunächst den aktuellen Anlass der Therapie: Sergej war mit 18 Jahren nach einer Geschlechtskrankheit „zusammengebrochen"; er wurde unselbstständig und stieß nach langer Therapiesuche auf Freud. Nur über die Kindheit berichtete Freud dann Näheres; selbst den Zusammenhang mit der Erwachsenenneurose wollte er nicht mitteilen.[115] Freud reizten die Schwierigkeiten, die der Fall mit sich brachte: „Die ersten Jahre der Behandlung erzielten kaum eine Änderung." Der Patient verfügte über eine „untadelige Intelligenz" und blieb irgendwie „unangreifbar verschanzt"; er „war wie abgeschnitten" von seinen Trieben, notierte Freud in bilderreicher Sprache. Als Freud ungeduldig wurde, beschloss er, die Therapie an einem bestimmten Tag zu beenden, „gleichgültig, wie weit sie fortgeschritten sei." Dies teilte er dem Patienten mit; nun gab Sergej seinen Widerstand auf und lieferte rasch alles Material, das zur Analyse benötigt wurde. Was erfuhr Freud? Sergej hatte relativ junge, aber kränkelnde Eltern gehabt. Er war deren zweite Kind und hatte eine um zwei Jahre ältere „schlimme" Schwester. (Das Wort „schlimm" ist ein Hinweis auf die Sexualität der Schwester.) Eine alte, zärtliche russische Kinderfrau, Nanja genannt, betreute die Kinder; auch eine englische Gouvernante gehörte zeitweilig zur Familie. Sergej war zunächst ein sanftes Kind. Doch eines Tages erschien er den Eltern wie verwandelt: reizbar und unzufrieden. Man führte dies auf die Gouvernante zurück, die daher entlassen wurde; aber Sergej blieb „unleidlich". Nach seiner Erinnerung litt er an einer Angst, welche die Schwester ausnutzte: Das Bild eines Wolfs in einem Bilderbuch erschreckte ihn jedesmal, wenn er es sah, wofür die Schwester hin und wieder sorgte.

Wie war es zu der plötzlichen Wende zum „Unleidlichen" gekommen? Der Wolfsmann soll sich in der Analyse erinnert haben, seine Schwester habe ihn – als er vielleicht dreieinviertel Jahre alt war – sexuell verführt; d.h. es kam zu exhibitionistisch/voyeuristischen Handlungen; sie spielte auch mit seinem Glied. Sergej reagierte mit Ablehnung. Später einmal, in der Pubertät, wollte er dann Sex mit seiner Schwester; nun wies sie ihn ab. Als die Schwester auf einer Reise Suizid beging, ließ ihn die Todesnachricht kalt.

Sergej glaubte sich auch zu erinnern, dass er als Kleinkind sexuelle Wünsche an die Nanja hatte; er onanierte vor ihren Augen; sie drohte, davon bekäme er eine „Wunde" (nach Freud als Kastrationsdrohung zu interpretieren).

Der Wolf trat als Teil einer bestimmten Variante der Tiererzählung „Reinecke Fuchs" in sein Leben. Darin benutzte der Wolf im Winter seinen Schwanz als Köder beim Fischefangen; doch der Schwanz vereiste – und brach ab (wieder ein Kastrationshinweis). Hinzu kam auch noch jener andere Wolf, den wir alle aus dem Märchen kennen: der mit den sieben Geißlein. Er wirft – nach Freud –

die für Kinder bangen Fragen auf, ob der Wolf (wegen der Geißlein in seinem Bauch) weiblich ist, oder ob Männer Kinder kriegen können. Jedenfalls unterließ Sergej weiteres Onanieren unter dem Eindruck der Kastrationsdrohungen. Freud folgerte ohne hinreichende Begründung: dadurch sei Sergej von der schon erreichten frühen genitalen Entwicklungsphase (s. S. 50) in die anal-sadistische Phase zurückgeworfen worden. Seine sexuellen Fantasien wurden jedenfalls anal-sadistisch und masochistisch: Er stellte sich vor, dass Pferde und Jungen geschlagen wurden, besonders auf den Penis. Die Wutanfälle des Kindes interpretierte Freud als masochistisch begründet: Sergej wollte vom Vater gezüchtigt werden. „Seine Schreianfälle waren also geradezu Verführungsversuche", auf den Vater gerichtet.[116] Es fällt schwer, Freud zu folgen ...

Zur Bildung von Angstsymptomen kam es erst etwas später, knapp vor Sergejs viertem Geburtstag, wie Freud „mit Sicherheit" rekonstruierte. Nun unterschied er zwei Phasen in der Entwicklung des Jungen: Zwischen dreieinviertel und vier Jahren war Sergej „schlimm" und „pervers" (sexuell ungehemmt, Onanie); danach zeigte er sich ängstlich-neurotisch (sexuell gehemmt). Die Trennung der beiden Phasen bewirkte nach Freuds Meinung ein Traum, aus dem Sergej mit großer Angst erwachte, wie er sich Jahre später – so Freud – auf der Couch erinnerte. Dieser Traum wurde zum Dreh- und Angelpunkt der Fallgeschichte! Hauptinhalt: Der kleine Sergej sah zur Winterzeit von seinem Bett aus auf einem Nussbaum vor seinem Fenster sechs oder sieben Wölfe sitzen, weiß, mit großen Schwänzen und aufgestellten Ohren. Vor Angst, von den Wölfen aufgefressen zu werden, schrie er auf und erwachte.

Wegen dieses Traums wurde Sergej P. „der Wolfsmann" genannt. Der Wolf stand – in Freuds Interpretation – für den Vater; Angst vor dem Vater war das stärkste Motiv in dieser Neurose. Freud fiel diese Deutung nicht leicht; er brauchte „mehrere Jahre" dazu. Aus den aufgestellten Ohren der Tiere erschloss Freud eine besondere Aufmerksamkeit Sergejs, aber auf was? Dass die Wölfe so still im Baum sassen, sah Freud als „Verkehrung" an: Sie waren eigentlich in heftigster Bewegung, d.h. sie symbolisierten einen Koitus. Freud merkte selber, dass man ihm kaum glauben würde, wenn er folgerte, der Traum habe bei Sergej eine Erinnerung an das Bild eines Koitus zwischen seinen Eltern hervorgerufen, somit eine Erinnerung an die sog. Urszene.[117]

Dieses Bild überzeugte den Jungen nach Freuds Meinung von der Möglichkeit einer Kastration, denn er sah bei der Mutter die Kastrations-„Wunde", von der die Nanja gesprochen hatte. Freud stellte detailreich fest, ohne mitzuteilen, *wie* ihm die „Erkenntnisse" zuteil wurden, dass Sergej etwa eineinhalb Jahre alt war, als er die Urszene erlebte: An einem Nachmittag wurde Klein-Sergej Zeuge „eines dreimal wiederholten Coitus a tergo",[118] wobei er auch die Genitalien der Eltern sehen konnte. Dreimal? Das war – laut Freud – ein „spontaner, weiterer Kritik entzogener Einfall" des Wolfsmannes. So einfach kann man von vornherein kritische Fragen abzuwehren versuchen! Freud spürte jedoch ein Unbehagen dabei und bat, man möge ihm vorläufig Glauben schenken. Der beobachtete Coitus a tergo prägte den Wolfsmann angeblich, denn später interessierten ihn vor allem „große, auffällige Hinterbacken", und er bevorzugte die bei den Eltern beobachtete Position beim Geschlechtsverkehr. Nach Freud ist die „Bevorzugung der hinteren Körperpartien" typisch für Zwangsneurotiker ...[119]

In den folgenden Textpassagen griff Freud einen früher artikulierten, merkwürdigen Gedanken wieder auf: die sexuellen Wünsche des Jungen an seinen Vater. Der Traum brachte – ganz anders als man es für die ödipale Phase erwartet – zum einen die Sehnsucht nach sexueller Befriedigung durch den *Vater* zum Ausdruck, zum anderen aber auch die Einsicht, dass er dann ja zuvor kastriert sein müsste – wie die Mutter. Das aber machte dem Jungen Angst, Angst vor dem Vater. „Ich meine, der Angsttraum des vierjährigen Knaben ist ... jetzt restlos aufgeklärt", suggerierte Freud seinen Leser(inne)n nach diesen abenteuerlichen Interpretationen.[120]

Später im Text ging Freud auf einige Ungereimtheiten ein: Obgleich die Kastrationsdrohungen von der Nanja ausgesprochen worden waren und nicht – wie am Schluss der ödipalen Phase üblich – vom Vater, gingen sie doch „ganz unzweifelhaft" auf des Vaters Konto, denn hier wurde ein „phylogenetisches Schema" erfüllt! „In diesem Punkte siegte die Heredität über das akzidentelle Erleben; in der Vorgeschichte der Menschheit ist es gewiss der Vater gewesen, der die Kastration als Strafe übte und sie dann zur Beschneidung ermäßigte." Hier wird – entgegen den Hinweisen auf die Rolle der Nanja – am Prinzip festgehalten: Der Vater muss schließlich doch irgendwie mit der Kastration in Verbindung gebracht werden; wenn's gar nicht anders geht, wird eben wieder einmal recht unbekümmert eine Vererbung (Heredität) angenommen. Eine Erklärung der in bestimmten Kulturen üblichen Beschneidung bekommen wir ganz beiläufig obendrein: sie sei das Überbleibsel der Kastration.[121]

Zur Urszene äußerte sich Freud später im Text noch einmal so: Vielleicht wurde sie von Sergej nur fantasiert! Das war aber für Freud ohne Belang, denn: Die Urszene und die Kastrationsdrohung sind „unzweifelhafter ererbter Besitz, phylogenetische Erbschaft, aber sie können ebensowohl Erwerb persönlichen Erlebens sein".[122] Da haben wir wieder das Niveau des unfehlbaren Wetterpropheten: Wenn der Hahn kräht auf dem Mist, ändert sich's Wetter oder es bleibt, wie es ist. Ob fantasiert, ob real erlebt oder irgendwie genetisch bedingt: Jedes Kind muss durch Urszene sowie Kastrationsdrohung hindurch, und irgendwann erklärt man damit psychische Störungen ... An dieser Textstelle Freuds fällt wie an vielen ähnlichen auf, dass er dann, wenn etwas sehr zweifelhaft oder geradezu unglaubwürdig ist, gerne mit Imponiervokabeln wie „unzweifelhaft", „gewiss" usw. arbeitete, also betont suggestiv gegen mögliche Kritik vorging.

Freud glaubte, mit dem „Wolfsmann" seine Widersacher Adler und Jung widerlegen zu können; für ihn stand fest, „dass der Neurose im späteren Leben eine Neurose in frühen Jahren der Kindheit vorhergeht". M.a.W.: Freud stellte eine Verallgemeinerung, eine gesetzesartige Aussage an Hand eines einzigen „Falles" auf.[123]

Als Sergej P. Freuds Patient wurde, litt er – seit seiner Kindheit – unter hartnäckiger Verstopfung. Freud versprach ihm „die völlige Heilung seiner Darmtätigkeit".[124] Über die akute Neurose erfahren wir relativ wenig. Wichtig war, dass eine Geschlechtskrankheit die alte Kastrationsangst neu aufleben ließ. Freud verabschiedete den Patienten nach seiner „Schätzung als geheilt". Allerdings wurde 1919 für „einige Monate" eine kurze zweite Analyse notwendig. 1923 ergänzte Freud den Krankenbericht: „Seither hat Patient, dem der Krieg Heimat, Vermögen und alle Familienbeziehungen geraubt hatte, sich normal gefühlt und tadellos benommen."[125]

„Freuds berühmtester Fall" – eine erfolgreiche Therapie? So wurde und wird jedenfalls von Freud und seinem Anhang behauptet. Wir werden bald sehen, was es damit auf sich hat.

1970 schrieb der „Wolfsmann" für Muriel Gardiner seine Erinnerungen auf. Sie machen deutlich, dass eine Liebesgeschichte, die vor der Analyse begann, für Sergej P. eine große Rolle spielte, und dass er sich während der Psychoanalyse zunächst gar nicht in einem schweren Tief fühlte. Es ging ihm bereits unter dem Einfluss seines Leibarztes relativ gut. Gegen Ende der Psychoanalyse (1914) heiratete er seine große Liebe. 1919 besuchte er Freud noch einmal, als er selbst keine weitere Therapie für nötig hielt. Freud überzeugte ihn aber, dass noch eine kurze Nachbehandlung nötig sei – und der „Wolfsmann" ließ sich darauf ein. Offensichtlich behandelte ihn Freud während dieser zweiten Analyse unentgeltlich, weil Sergej P. verarmt war. Sein großer Besitz in Russland war durch die Oktoberrevolution 1917 verlorengegangen; sein Geld in Österreich und Deutschland wurde immer wertloser. Er musste daran denken, durch Arbeit Geld zu verdienen. Manchmal schenkte ihm Freud etwas Geld, und er ließ im Kollegenkreis mehrfach Geld für ihn sammeln ... Schließlich fand Sergej eine Anstellung bei einer Versicherungsgesellschaft. Als ein wichtiges Datum aus den späteren Jahren ist zu ergänzen: 1938 beging seine Frau Suizid.

Wer das Buch von Anfang bis Ende liest, muss mit mehr oder weniger Erstaunen zur Kenntnis nehmen, dass der „Wolfsmann" sich insgesamt wohl siebenmal für psychoanalytische Behandlungen zur Verfügung stellte: Zweimal bei Freud; 1926/27 bei Ruth Mack Brunswick; zwei Jahre später wieder bei ihr. Diese vierte Analyse fand unregelmäßig statt und dauerte mehrere Jahre. „Die therapeutischen Ergebnisse waren ausgezeichnet und hielten … an", schrieb die Therapeutin,[126] was im krassen Widerspruch zu der Information steht, die der Wolfsmann gibt:[127] Er fuhr 1938 – nach dem Tod seiner Frau – nach Paris und London, wo er *erneut* von R. Mack Brunswick behandelt wurde. Offensichtlich litt er wieder unter einer Obstipation, aber auch unter starken Verfolgungsideen, die Ruth Mack Brunswick zur Diagnose einer Psychose (Paranoia) brachten. Masson erwähnt[128] in seinem Buch „Was hat man dir, du armes Kind, getan?", dass er Zugang zu einem unveröffentlichten Text von Mack Brunswick hatte, nach dem sie aufgedeckt haben will, dass der „Wolfsmann" als Kind von einem Familienmitglied zum Analverkehr gezwungen worden sei. Freud wusste nichts davon. Wenn Ruth Mack Brunswick Recht hat, müsste man die Leidensgeschichte des Wolfsmanns ganz neu schreiben – mit einer sexuellen Misshandlung im Kern.

Muriel Gardiner lässt uns zum Schluss des von ihr herausgegebenen Buchs wissen, man habe dem Wolfsmann aus Kreisen der Psychoanalyse weiterhin unregelmäßig Geld zukommen lassen. 1955 habe er wegen einer schweren Depression wieder einen (bzw. zwei) Analytiker aufgesucht; man kann hier von seiner sechsten Analyse sprechen. Eine siebte kam noch hinzu: Ein „Analytiker aus dem Ausland", der viele Jahre lang gelegentlich nach Österreich kam, traf den Wolfsmann dann regelmäßig. Wir wissen inzwischen, dass dieser Analytiker K. Eissler war, Psychoanalysepapst und u.a. Autor einer höchst fragwürdigen Goethe-Studie.

Muriel Gardiner schließt ihren Beitrag mit den Worten: „Es kann kein Zweifel bestehen, dass die Analyse Freuds den Wolfsmann vor einer verkrüppelten Existenz bewahrt hat"; Freud und Mack Brunswick „machten es dem Wolfsmann möglich, ein langes und erträglich gesundes Leben zu führen." „Kein Zweifel" wird zugelassen; er drängt sich aber geradezu auf.

Sieben Psychoanalysen – welche davon soll wirklich erfolgreich gewesen sein? Vielleicht ahnte Freud das spätere Schicksal seines früheren Patienten, als er 1937 eine Arbeit mit dem Titel „Die endliche und die unendliche Psychoanalyse" veröffentlichte.

4.8.1 Noch einmal der sog. „Wolfsmann": Eine Art Gegendarstellung und einige Karikaturen

Bislang wurde hier das Bild des Wolfsmanns (fast) nur durch das von M. Gardiner 1971 herausgegebene Buch bestimmt. Doch 1980 kam ein weiteres Buch auf den Markt, das ein ganz anderes Bild vom Wolfsmann zeichnet. Autorin ist Karin Obholzer, eine Journalistin aus Wien. Es gelang ihr unschwer, 1973 den Schleier seiner Anonymität zu lüften; damals war der Wolfsmann 86 Jahre alt. Obholzer besuchte ihn bis zu seinem Tod 1979. Das war insofern gar nicht so einfach, als die Psychoanalytiker, die ihren Patienten bezahlten (!), dem Wolfsmann einen Maulkorb verpassen wollten: Man riet ihm vom Kontakt mit Obholzer ab. Jörg von Uthmann nannte die Finanzhilfen für den Wolfsmann kurz und einfach „Schweigegelder". Als solche erfüllten sie ihren Zweck jedoch nicht ausreichend, da Sergej P. und die Journalistin sich dennoch von Zeit zu Zeit trafen. Der vereinsamte Wolfsmann begann zu erzählen – ließ sich aber versprechen, dass eine Veröffentlichung der von ihm gegebenen Informationen erst nach seinem Tod erfolgen würde; er wollte keinen Ärger mit den Psychoanalytikern.

Zwischen 1974 und 1976 fanden relativ viele Interviews statt; 1977 erlitt Sergej einen Kreislaufkollaps und musste ins Krankenhaus. Aus den Gesprächen geht hervor, dass der Wolfsmann im hohen Alter nach allen „erfolgreichen" Psychoanalysen noch weitgehend die gleichen Probleme hatte wie in seinen jungen Jahren: mit Frauen, mit dem Geld, mit Darmstörungen. Von seinen früheren psychoanalytischen Behandlungen sagte er, sie hätten ihm gut getan, da er durch sie der Einsamkeit entrissen wurde. Zu den analytischen Treffen, die er weiterhin „parallel" zu den Interviews mit Obholzer hatte, ging er, „obwohl es nichts nützt". Freud habe ihm damals geholfen, weil er die Entscheidung zur Heirat stützte, während alle anderen abrieten. Von dem Wolfs-Traum und seiner Deutung hielt er nichts. Die Interpretationen waren nach seinem Urteil an den Haaren herbeigezogen. Wirkliche Erinnerungen kamen ihm während der Analyse nicht. Er verarmte in der Zeit des ersten Weltkriegs, weil Freud – so der alte Sergej P.[129] – ihm von einer Reise nach Odessa in Russland abriet, als er dort sein Geld noch hätte retten können. Die Worte des Wolfsmannes im Gespräch mit K. Obholzer enthalten manche Spitze gegen Freud, gegen Mack Brunswick und gegen spätere Therapeuten. Er erkannte klar, welche „Kunstfehler" den Analytikern unterliefen: dass ihn zwei nahezu gleichzeitig behandelten (was eine Übertragung unwahrscheinlich machte), dass er Medikamente gegen seine depressiven Stimmungen und gegen Schlafstörungen erhielt, wo ihm doch eigentlich eine „Psycho"-Therapie zuteil werden sollte. Scharfzüngig sagte der Wolfsmann, man habe ihn immer kranker gemacht als er war, weil man so den Erfolg Freuds umso strahlender leuchten lassen konnte. Sarkastisch wurde Sergej P. gegen Mack Brunswick: Durch sie sei er geheilt worden, weil sie die falsche Diagnose (Paranoia) stellte, die ihn so aufbrachte, dass er sich wehrte, und durch diese Auflehnung ging es ihm besser.

Der Fall „Wolfsmann" ist auch für die Kritiker zum wichtigsten Fall Freuds geworden. Meinrad Perrez veröffentlichte 1972 eine Schrift mit der Titelfrage „Ist die Psychoanalyse eine Wissenschaft?" Darin greift er v.a. auf die gesetzesartigen Formulierungen im Freud-Text über den „Wolfsmann" zurück und macht ihre Schwächen deutlich. Schließlich beantwortet Perrez seine Frage mit den Worten: „noch nicht".

„Der Wolfsmann und kein Ende", könnten die Leser(innen) jetzt stöhnen ... Man erlaube aber, noch ein weiteres Buch aufzuschlagen, weil es eine fast schwindelerregende Steigerung psychoanalytischer Fantasien enthält. Man könnte bei der (allerdings schwierigen) Lektüre meinen, einen Text fürs Kabarett zu lesen, aber er ist „tierisch ernst" gemeint. Es geht um ein Buch von Abraham und Torok mit dem Titel „Kryptonymie. Das Verbarium des Wolfsmanns" (1976). Kryptonyme sind Wörter, die verbergen, schreiben Abraham und Torok. Sie wollen klarmachen, warum Freud den Wolfsmann nicht verstand und deshalb gar nicht heilen konnte. Sie konstruieren dazu folgenden Sachverhalt: Der Wolfsmann habe als russisches Kind bei seiner Gouvernante Englisch gelernt; mit Freud habe er aber deutsch sprechen müssen. Es sei nötig, hinter den deutschen Wörtern – mit Hilfe der von Sergej besser beherrschten Sprachen Russisch und Englisch – einen tieferen Sinn zu suchen. Gedacht, getan; und wir wissen ja: Wer suchet, der findet.

1. Beispiel: Der Traumbericht über die Wölfe im Nussbaum beginnt: „Ich habe geträumt, dass es Nacht ist ..." „Träumen" heißt auf Russisch „widjetj son."[130] Das klinge wie das Englische „witness son", ins Deutsche übersetzt „Zeuge" und „Sohn". Daraus wird für die endgültige Geschichte der Satzteil: „Der Zeuge ist der Sohn ..." Aus „Nacht" wird russisch „notschju"; das klingt doch wie „not you"; ins Deutsche übersetzt: „nicht Sie". Nun heißt der erste Satz, den der Wolfsmann eigentlich mitteilen wollte: „Der Zeuge ist der Sohn, nicht Sie ..."

2. Beispiel: Eine andere Passage aus dem Traumbericht über die Zahl der Wölfe lautet: „Es waren sechs oder sieben Stück." Aus

„sechs" wird russisch „schestj", was aber auch „Rute", „Mast"
und symbolisch auch „Geschlecht" bedeute. Im russischen Wörter-
buch kommt nach „schestj" gleich „schestjorka", d.h.: „eine Gruppe von sechs Personen". Dieses russische Wort sei „zwanglos mit
dem deutschen ‚Schwester' kontaminiert". Deshalb schaue man
nach, was „Schwester" auf russisch heißt, und man werde eine amü-
sante Bestätigung der angedeuteten Vermutung erleben: das russische Wort „sjestra" (für Schwester) sei dem Wort „schestj" so ähnlich, dass hier „Schwester" gedeutet werden dürfe. So erhalten wir
für die endgültige Geschichte in deutscher Sprache jetzt den Satz:
„Da war die Schwester."

Wir wollen hier nicht in weitere Details gehen. Aus der ursprünglichen Aussage: „Die Wölfe waren ganz weiß …" leiten Abraham
und Torok kunstvoll den Satz ab: „Der Hosenschlitz war ganz weit
geöffnet."

Ist das Psychoanalyse vom allerfeinsten? Der „eigentliche"
Trauminhalt ist für Abraham und Torok ein Dialog zwischen Sergejs
Mutter und seiner Gouvernante.[131] Darin wird der Vater von Sergej
einer sexuellen Misshandlung der Schwester bezichtigt usw. Wie gesagt: Das ist alles wölfisch ernst gemeint. Abraham und Torok schür-
fen tiefer als die tiefsten Tiefenpsychologen sonst. Ihr Pech ist es,
dass der Wolfsmann glaubwürdig gegenüber K. Obholzer erklärte,
dass er nie Englisch gelernt habe, u.a. weil die besagte Gouvernante
nur kurze Zeit in der Familie gewesen sei. Ein wildes Gemenge aus
drei Sprachen wird von Abraham und Torok benutzt, um Freuds
Misserfolg (nicht Erfolg) nachträglich irgendwie noch verständlich
zu machen.

Was könnte man sich sonst noch als Ehrenrettung für Freuds
Versagen ausdenken? Der Psychoanalytiker und Literaturwissen-
schaftler R.E. Geha veröffentlichte 1988 einen Aufsatz „Freud as
Fictionalist" (= Freud als Romandichter). Er billigt zu, dass Freuds
Falldarstellung wissenschaftlich nichts hergibt; der „Wolfsmann" sei
eine Fiktion, der Freud Leben eingehaucht habe. Freuds Text über
den „Wolfsmann" sei schöner als alle anderen Veröffentlichungen
über ihn. Im Klartext: Freud legte mit dem „Wolfsmann" keinen
Beitrag zur Psychologie vor, sondern einen Roman, der zur Weltliteratur gehört. Der „Wolfsmann" erblickte also 1918 als Roman-
figur das Licht der Welt? Einverstanden!

Es müsste für einen Regisseur leicht sein, aus den vorhandenen
Daten ein Drehbuch mit vielen bunten Szenen über das Leben des
„Wolfsmanns" und der Psychoanalytiker in seinem Leben schrei-
ben zu lassen.

Der „berühmteste Fall" von Freud war ein mächtiger Reinfall.
Was geschah danach in Freuds Leben?

5 Freud im Alter

5.1 Auf dem Weg zum Todestrieb

1919 musste Sigmund Freud einen Schock verarbeiten. Zu Freuds Umfeld gehörte ein Nervenarzt und Analytiker namens Victor Tausk; dieser kam mit seinem Leben nicht zurecht und bat Freud um eine Behandlung. Freud lehnte ab. Es gibt zwei Briefe von Tausk an Freud; der erste ist belanglos; im zweiten werden Suizidtendenzen angekündigt und Freud unternahm nichts dagegen. Nachdem der junge Kollege „freiwillig aus dem Leben geschieden" war, schrieb ihm Freud einen drei Seiten langen Nachruf, in dem er dem aufreibenden Dienst im Krieg die Schuld am Tode Tausks gab; der kurze Text wurde geradezu gespickt mit Lobreden auf die Psychoanalyse; der Hilferuf blieb unerwähnt.

Im Januar 1920 starb Anton von Freund, ein wichtiger Sponsor des Psychoanalytischen Verlags in Wien. Noch im gleichen Monat traf Freud ein besonders harter Schicksalsschlag: Seine zweitjüngste Tochter Sophie starb mit 26 Jahren in Hamburg an einer Grippe, die damals Europa heimsuchte und vielen Menschen, besonders den durch mangelhafte Ernährung geschwächten, den Tod brachte. Vielleicht um sich von diesem Trauerfall abzulenken, bemühte sich Freud stark um die internationalen Beziehungen der Psychoanalyse, die unter dem Ersten Weltkrieg doch etwas gelitten hatten. So wurde 1920 wieder ein Internationaler Kongress durchgeführt, in Den Haag, mit 62 Teilnehmern aus acht Ländern. Von da an gab es bis zum Zweiten Weltkrieg in Zweijahresabständen solche Kongresse; doch nach 1922 nahm Freud nicht mehr an ihnen teil. Er fühlte sich dafür zu alt und zu gebrechlich.

Die Psychoanalyse nahm weltweit einen großen Aufschwung. 1920 wurde in Berlin eine Klinik eingerichtet, in der man arme Leute behandeln und Psychoanalytiker ausbilden wollte. In den USA wurde es regelrecht Mode, sich analysieren zu lassen, aber die „Analytiker" waren oft schlecht ausgebildet und aufs rasche, große Geld aus. Man erinnere sich an Henry Millers Passagen aus dem Buch „Sexus". M.a.W.: Es gab damals einen Psychoboom – so ähnlich wie in der Gegenwart.[132]

Die „Psychoanalyse" wurde kontrovers diskutiert – mit viel Pro und Contra; zum Contra gehörten auch Angriffe gegen die angebliche Obszönität in den Texten. Diese Attacken erreichten schon 1919 einen ihrer Höhepunkte, als das „Tagebuch eines halbwüchsigen Mädchens", das etwa elf bis dreizehn Jahre alt sein mochte, erschien; Freud nannte die Aufzeichnungen ein „kleines Juwel". Hermine Hug-Hellmuth, die man als erste Kinderanalytikerin bezeichnen darf, hatte es ihm vorgelegt. Nichts Böses ahnend setzte sich Freud für die Veröffentlichung des Tagebuchs ein, an dessen Echtheit bald Zweifel aufkamen. Hildegard Hetzer schrieb 1989 einen Artikel dazu: 1919 war das Tagebuch mit einem Geleitwort von Freud erstmals erschienen; die Herausgeberin (Hermine Hug-Hellmuth) blieb ungenannt, natürlich auch die Schreiberin. Hug-Hellmuth offenbarte sich erst anlässlich der dritten Auflage 1922 ein Stück weit. Sie behauptete, die Schreiberin sei bereits verstorben und das Original des Tagebuchs sei wunschgemäß vernichtet worden; so entzog sie sich jeder Kontrolle.

Das Tagebuch macht den Eindruck, von einer erwachsenen Person geschrieben worden zu sein, die viel von der Psychoanalyse versteht. Ein Kritiker, der Lehrer Josef Krug, sammelte Argumente, die dafür sprechen, das Tagebuch als Fälschung anzusehen. Er schickte seine Arbeit 1926 an Freud mit der Bitte um eine Stellungnahme. Freud reagierte nicht offiziell, inoffiziell aber sehr wohl, denn 1927 zog die Psychoanalyse das Buch zurück. Doch der Suhrkamp-Verlag versprach sich 1987 wohl ein größeres Geschäft und legte es erneut auf.

Was an dem Tagebuch ist so obszön? Wer die „schlimmen" Stellen sucht, findet als Extreme einen Hinweis auf ein Mädchen, das „schrecklich Angst" hat, „dass sie ein Kind bekommt …", ferner den Satz: „Man ist so müde, dass man kein Glied rühren kann", und das sei „furchtbar zweideutig, besonders wenn es ein Herr sagt", und auch eine kurze Passage, die vom Ausbleiben einer Menstruation handelt. Außerdem taucht das Wort „segsuel" auf.

Im Jahr 2001 versteht kaum noch ein Leser, wo der Text unanständig ist oder war. Aber die Verklemmungen abendländischer Bürger um 1920/1930 bezüglich Sexualität werden sehr deutlich.

Die Herausgeberin der neuen Auflage von 1987, Hanna Kulessa, nennt Hermine Hug-Hellmuth als – Autorin! Wann diese das Tagebuch geschrieben hat, wissen wir nicht genau. Damals wie heute entstand bei Kritikern der Eindruck, dass Psychoanalytiker(innen) manchmal ganz einfach die Geschichten erfinden, die sie zur Stützung ihrer Theorie brauchen.

Als Freud 1920 64 Jahre alt wurde, blühte die Psychoanalyse – vor allem in den USA und in Großbritannien. Solches Aufblühen bedeutet aber immer auch, dass neue Ideen entwickelt werden, die von der bisherigen Lehre abweichen. Zu stark waren diese Abweichungen bei Adler und Jung; sie gründeten eigene „Schulen". Etliche andere beließen es bei kleineren Änderungen; sie rüttelten nicht an den Grundfesten der Psychoanalyse, wozu der Ödipuskomplex gehört, und blieben Psychoanalytiker.

1920 veröffentlichte Freud die Abhandlung „Jenseits des Lustprinzips", deren Bedeutung in der Konstruktion des Todestriebs liegt. Dabei könnte die im Ersten Weltkrieg offenbar gewordene Gewalt Pate gestanden haben; auch die oben erwähnten Todesfälle (seines Freundes Anton von Freund und seiner Tochter Sophie) dürften die Niederssschrift beeinflusst haben.

Freud formulierte zunächst recht dunkel: „Ein Trieb wäre also ein dem belebten Organischen innewohnender Drang zur Wiederherstellung eines früheren Zustands". Gut, ein Trieb wird als Drang umschrieben. Wir kennen einen Drang nach Nahrung, nach Sex etc. Der angestrebte frühere Zustand müsste dann beim Nahrungstrieb durch die Sättigung erreicht werden. Muss man das so umständlich ausdrücken? Aber streben wir tatsächlich immer nach einem früheren Zustand? Freuen wir uns nicht (manchmal) auf das Essen selbst und nicht nur auf die Sättigung?

Was mag beim neu angenommenen Todestrieb der frühere Zustand sein? Darunter müssen wir den leblosen Zustand vor unserer Zeugung verstehen! Nach Freuds Philosophie trägt das Belebte den Trieb in sich, zum leblosen Urzustand zurückzukehren. Der Todestrieb ist wieder eine große – philosophische und biologische – Spekulation, wissenschaftlich nicht überprüfbar.

Auch für diese Lehre gab es Vorläufer, sogar im engsten Kreis um Freud: Sabina Spielrein (s. Kap. 4.4) hatte 1911 bei der Wiener Psychoanalytischen Vereinigung Gedanken über einen Todestrieb vorgetragen, der für Aggression und Destruktion zuständig sollte. Dabei hatte sie auch auf Denkanstöße durch den russischen Biologen Metschnikow verwiesen. Freud soll danach spitz bemerkt haben, der Trieb sei ihm nicht sympathisch, er sei wohl persönlich bedingt ...[133]

Auch der Analytiker Wilhelm Stekel nahm für sich in Anspruch, den Todestrieb „entdeckt" und dies 1908 formuliert zu haben.

Wie dem auch sei, die Welt nahm die Todestrieb-Spekulation erst zur Kenntnis, als Freud sie postulierte. Bei ihm – der Spielrein dabei nicht erwähnte – wurde der Todestrieb 1920 Teil eines dualistischen Triebsystems, bestehend aus Lebenstrieb und Todestrieb. Für einen Todestrieb gibt es vielleicht bei depressiven Menschen wie Freud, nicht aber bei allen Menschen und schon gar nicht bei Tieren irgendwelche Hinweise. Es fiel auch vielen Psychoanalytikern (zu) schwer, diese Trieblehre anzunehmen. Jedenfalls liegt ab 1920 die letzte Fassung der Freudschen Trieblehre vor. Diese war immer schon dualistisch. Zunächst gab es für den „frühen" Freud Sexual- und Ichtriebe (Selbsterhaltungstriebe); nur die Sexualtriebe interessierten ihn wirklich; Aggressionen sah er als mögliche Folgen von Frustrationen an.

Der „späte" Freud führte menschliches Handeln auf den Lebenstrieb, oft auch Eros genannt, und seinen Gegenspieler, den Todestrieb, manchmal auch Thanatos genannt, zurück. Es fällt auf, dass es eine verbindliche Sprachregelung nicht gab und nicht gibt. Gelegentlich treffen wir eine Pluralbildung an: Lebenstriebe und Todestriebe; aber es werden auch die Bezeichnungen Sexualtrieb einerseits und Aggressionstrieb oder Destruktionstrieb andererseits gebraucht.

5.2 Struktur der Psyche: Es, Ich und Über-Ich

Im Jahr 1923 veröffentlichte Freud die Schrift „Das Ich und das Es". Mit ihr fand Freud zu seiner endgültigen Sicht der Struktur der Psyche. Sie enthält drei Größen: das Es, das Ich und das Über-Ich. Man kann sich die drei Größen übereinander geschichtet vorstellen: unten das Es, darüber das Ich und obenauf das Über-Ich.

Den Begriff „Es" übernahm Freud von G. Groddeck, der 1921 Freud Einblick in das entstehende Werk „Das Buch vom Es" gewährt hatte, das auch 1923 veröffentlicht wurde. Aber schon von Nietzsche wurde eine (etwas „dunkle") Teilpersönlichkeit „Es" genannt.[134] Bei Freud steht das Es für unbewusste Anteile des Psychischen, vor allem für Triebe.[135]

Freud benutzte die Metapher vom Ross und Reiter, um das Verhältnis zwischen Es und Ich anzudeuten. Das Ich, der Reiter, soll die überlegene Kraft des Es, des Pferdes, zügeln. In Freuds Sicht ist das Es die älteste Teilstruktur; sie ist schon bei der Geburt gegeben. Das Ich entsteht allmählich aus dem Es; zum Ich gehören die Wahrnehmung, das Willensartige, das Gedächtnis und das Denken. Ihm fällt die schwierige Aufgabe zu, zwischen der Realität, dem Es und dem Über-Ich eine Balance herzustellen.

Das Über-Ich entsteht beim Übergang von der frühen genitalen Phase zur Latenzphase – beim etwa fünfjährigen Kind. Diese psychische Struktur kontrolliert das Ich; zum großen Teil entspricht sie dem, was umgangssprachlich „Gewissen" genannt wird.

In der Therapie soll das im Allgemeinen schwache Ich vor allem gegen das Es gestärkt werden. „Wo Es war, soll Ich werden", heißt eine vielzitierte Maxime Freuds, die man besser auch nicht wörtlich nimmt, denn natürlich soll die psychoanalytische Therapie z.B. die Triebe nicht aufheben, sondern nur eine bessere Kontrolle über sie ermöglichen.

Solche Annahmen von Es, Ich und Über-Ich sind unbeweisbar; man kann die drei Instanzen als plausibel ansehen – oder auch nicht.

5.3 Einige kritische Lebensereignisse

Ob Freud damals, als er die Lehre vom Todestrieb einführte, bereits den Zugriff des Todes bei sich verspürte? Diese Frage drängt sich auf, denn 1923 wurde bei ihm Krebs im Mundraum diagnostiziert. Ihm blieben allerdings noch 16 Jahre, in denen er mehr als 30 Operationen über sich ergehen ließ, wobei er das Rauchen, das alle Ärzte als Krebsursache ansahen, nicht aufgab. Freuds weiteres Leben wurde also durch diese Krankheit überschattet. Man ließ ihn übrigens etwa ein Jahr lang über seine Krankheit im Unklaren. Erst als eine zweite Operation nötig wurde, erfuhr er die Wahrheit. Diese Operation musste unter Lokalanästhesie durchgeführt werden; es gab noch keine Antibiotika und keine intravenöse Ernährung. Freud erholte sich leidlich von den Anstrengungen; seine Sprache wurde jedoch dauerhaft beeinträchtigt und die Nahrungsaufnahme erschwert.

Hinzu kam 1923 ein weiterer Schicksalsschlag: Ein Enkel, an dem er sehr hing, der zweite Sohn seiner 1920 verstorbenen Tochter Sophie, starb an Tuberkulose. Freud beschrieb seinen Zustand so: „ … ich glaube, ich habe nie etwas Schwereres erlebt."[136]

Es gibt aber auch Ereignisse zu berichten, die positiv waren oder hätten sein können: Eine besondere Anerkennung wurde Freud 1924 zuteil. Der amerikanische Filmproduzent Goldwyn schlug ihm einen Film über die Psychoanalyse vor, allerdings verwoben in eine große Liebesgeschichte. Freud lehnte ab; er erkannte die Bedeutung moderner Medien nicht sofort.

So kam es hinter seinem Rücken zu Kontakten zwischen der deutschen UFA und Berliner Analytikern wegen eines Dokumentarfilms über die Psychoanalyse. Man versuchte wieder, Freud für das Projekt zu gewinnen, wieder vergeblich. Zwar erkannte Freud, dass er die Verfilmung nicht verhindern konnte, aber er wollte möglichst nichts damit zu tun haben. Der Film wurde gedreht und 1926 uraufgeführt mit dem Titel „Geheimnisse einer Seele". Der Analytiker H. Sachs schrieb einen Begleittext; schließlich war ja noch

Stummfilmzeit. Es ging um einen echten Fall, der leicht verändert wurde. Der Film bemühte sich um eine faire Darstellung der Psychoanalyse.

In der Mitte der 1920er Jahre war Freud auch mit der Frage der Laienanalyse befasst: Dürfen nur Ärzte zu Psychoanalytikern ausgebildet werden oder auch Nicht-Ärzte (=Laien) ? Anfangs war es so, dass sich vor allem Mediziner interessiert zeigten; Psychologen gab es noch nicht. Einige Laien praktizierten in Wien – mit Freuds Billigung. Ein österreichisches Gesetz untersagte zwar Laientherapien; es wurde aber lax gehandhabt. In den USA gab es etliche Missstände (s. Henry Miller). Der überwiegende Teil der Analytiker war *gegen*, Freud jedoch war *für* Laienanalysen. Warum? Musste er sich nicht um das Niveau sorgen, wenn Interessierte ohne therapeutische Grundausbildung Zutritt zur Psychoanalyse bekamen? Freud engagierte sich aber so sehr für die Laienanalyse, dass er sogar von einem „Kampf" sprach. 1926 veröffentlichte er eine klare Stellungnahme: „Die Frage der Laienanalyse". Sie sprach sich für die Psychoanalytiker als eigene Berufsgruppe aus, als eine Schar weltlicher Seelsorger, darunter eben Nicht-Ärzte. Böse Zungen behaupten, Freud habe sich hauptsächlich deshalb für die Laienanalyse stark gemacht, weil er seiner jüngsten Tochter Anna den Weg in die Psychoanalyse ebnen wollte.

Die Laienanalyse blieb zwei Jahrzehnte lang ein heiß diskutiertes Thema. Erst nach Freuds Tod und nachdem die Amerikaner in der Psychoanalyse in der Mehrheit waren, ging der Kampf *für* die Laienanalyse verloren.

5.4 Religion als Illusion und das Unbehagen in der Kultur

Trotz der Fehlschläge, die Freud unterlaufen waren, setzte er die Psychoanalyse mit der alten Begeisterung weiter als theoretisches Werkzeug auf die Kultur an. So entstand die 1927 erschienene Abhandlung „Die Zukunft einer Illusion". Welcher Illusion? Der Text ist ein heftiger Angriff auf die Religion. Die Religion als Illusion hatte er – der „gottlose Jude" – ja schon in „Totem und Tabu" bekämpft. „Religion entsteht", sagte Freud in einem Gespräch mit dem Schweizer Psychiater Binswanger, „aus der Hilfsbedürftigkeit und Angst des Kindes und der jungen Menschheit, da gibt es nichts zu rütteln."[137] Freud war sich sicher: Der religiöse Glaube entsteht durch Wunschdenken. Der „gemeine Mann" braucht – nach Freud – ein System, das ihm die Rätsel der Welt erklärt, ihm zusichert, dass jemand über ihn wacht und dass etwaige Versagungen im Jenseits kompensiert werden. Freud formulierte in diesem Kontext elitäre, nicht sonderlich demokratische Sätze von der Art: die Beherrschung der Masse müsse durch eine Minderheit erfolgen, durch vorbildliche Individuen, welche die Masse als ihre Führer anerkennt. Von diesen muss die Masse zu Arbeitsleistungen und Entsagungen bewegt werden, „auf welche der Bestand der Kultur angewiesen ist". Der Mensch suche – so Freud – in seinen Ohnmachtsgefühlen Schutz bei einem mächtigen Vater, bei Gott. Aus den starken Wünschen entstehen Illusionen. Manche Aussagen klingen freundlicher: Die Religion habe der Kultur große Dienste erwiesen, sie habe die Triebe gebändigt. Doch während ihrer viele Jahrtausende dauernden Herrschaft über die Gesellschaft habe sie die Menschen nicht beglückt, nicht wirklich getröstet. Vielmehr seien viele „Menschen mit der Kultur unzufrieden und in ihr unglücklich". Kultur werde als Joch empfunden, das man abschütteln müsse. Der Mensch dürfe nicht immer Kind bleiben; er müsse das Vaterhaus verlassen, hinaus „ins feindliche Leben", in die Realität. „Dadurch, dass er seine Erwartungen vom Jenseits abzieht und alle freigewordenen Kräfte auf das irdische Leben konzentriert, wird er wahrscheinlich erreichen können, dass das Leben für alle erträglich wird und die Kultur keinen erdrückt. Dann wird er ohne Bedauern mit einem unserer Unglaubensgenossen sagen dürfen: Den Himmel überlassen wir den Engeln und den Spatzen."[138] Als „Unglaubensgenosse" ist der Dichter Heinrich Heine gemeint.

Freud hielt große Stücke auf die Wissenschaft – gegen die Religion. Mit „Wissenschaft" meinte er nicht zuletzt die Psychoanalyse. Der Schlusssatz lautet: „Nun, unsere Wissenschaft ist keine Illusion. Eine Illusion aber wäre es zu glauben, dass wir anderswo bekommen könnten, was sie (die Wissenschaft) uns nicht geben kann." Freud wollte die Offenbarungsreligionen bekämpfen, vor allem – ohne sie zu nennen – die katholische Kirche, die in Österreich dominierte. Freud sagte – fishing for compliments – über den Text: „Dies ist mein schlechtestes Buch ..." und „Es ist das Buch eines alten Mannes."[139] Das stimmt in einer Hinsicht: *Junge* Wissenschaftler pflegen Gedanken ihrer Vorgänger sorgfältig zu referieren; das unterließ Freud. So bleiben z.B. Ludwig Feuerbach und Karl Marx mit ihrer Religionskritik unerwähnt. In anderer Hinsicht irrte Freud wohl: Es ist gewiss nicht sein „schlechtestes Buch", und es wirkt deutlich bis in die Gegenwart hinein. So bezieht sich z.B. der Schriftsteller Hans Wollschläger in seinen 1978 veröffentlichten Reden gegen das „Monstrum Kirche" auf Freud; die Wortwahl im Buchtitel („Die Gegenwart einer Illusion") ist eine Verbeugung[140] vor dem Begründer der Psychoanalyse.

Die nächste größere Schrift aus der Feder Freuds befasste sich mit einem ähnlichen Thema und bekam den Titel „Das Unbehagen in der Kultur" (1930). Diese Arbeit enthält die Thesen, Kultur basiere auf Triebverzicht und werde mit hohen Schuldgefühlen bezahlt. In diesem Kontext spielen bemerkenswerte Gedanken über die Aggressivität des Menschen eine Rolle. Freud griff das christliche Gebot auf: „Du sollst den Nächsten lieben wie dich selbst", um im Sinne seiner Lehre vom Todes- oder Aggressionstrieb zu kontern, das Gebot verleugne ein Stück Wirklichkeit und überfordere den Menschen. Der Mensch sei kein sanftes, liebebedürftiges, defensives Wesen; vielmehr gehöre zu seiner Grundausstattung ein mächtiger „Anteil von Aggressionsneigungen".[141] Der Nächste ist also nicht nur möglicher Helfer und mögliches Sexualobjekt, sondern auch Objekt der Aggressionen: „Homo homini lupus; wer hat nach allen Erfahrungen des Lebens und der Geschichte den Mut, diesen Satz zu bestreiten." Nach Freud bedroht die Aggression ständig die Kultur: „Die Kultur muss alles aufbieten, um den Aggressionstrieben der Menschen Schranken zu setzen." Dazu gehört das oben zitierte, letztlich erfolglose Gebot zur Nächstenliebe. Die Kultur schränkt somit nicht nur die Sexual-, sondern auch die Aggressionstriebe ein; sie basiert auf Inzest- *und* Tötungstabu. Beide Grundtriebe bleiben also unbefriedigt; da muss sich der Mensch doch unglücklich fühlen! In der Urfamilie hat sich wenigstens das Oberhaupt noch einer gewissen Triebfreiheit erfreut; „die anderen lebten in sklavischer Unterdrückung". Allerdings gibt es in Freuds Lehre seit 1920 auch die These, dass sich Lebens- und Todestrieb durchdringen: Der Todestrieb führt daher – beeinflusst vom Eros – nicht zur Selbstvernichtung, sondern zur Aggression nach außen und somit auch zur Destruktion. Wenn jedoch die Aggressionen, die nach außen gerichtet sind, eingeschränkt werden, steigt die Gefahr der Selbstzerstörung. Grundsätzlich „legieren" sich die Triebe aber und werden dadurch (für Laien) „unkenntlich".[142] Das bedeutet: Die Kritik, die Freud widersprechen will, muss abprallen. Wer den Todestrieb verleugnet, wird ironisch abgefertigt: „... die Kindlein, sie hören es nicht gerne, wenn die angeborene Neigung des Menschen zum ‚Bösen', zur Aggression, Destruktion und damit auch zur Grausamkeit erwähnt wird. Gott hat sie ja zum Ebenbild seiner eigenen Vollkommenheit geschaffen, man will nicht daran gemahnt werden, wie schwer es ist, die ... unleugbare Existenz des Bösen mit seiner Allmacht oder seiner Allgüte zu vereinen." Damit sprach Freud das uralte Problem der Theodizee an, d.h. der Rechtfertigung Gottes hinsichtlich des von ihm zugelassenen Übels und Bösen. Aber Freud vertiefte die Diskussion nicht.
Er wusste später um die verbreitete Kritik am Konstrukt „Todes-

trieb", blieb jedoch bei seiner Sicht. Die angeborenen Aggressionsneigungen seien das stärkste Hemmnis der Kultur; die Kulturentwicklung sei ein „Kampf zwischen Eros und Tod, Lebenstrieb und
Destruktionstrieb". Kulturentwicklung sei „der Überlebenskampf
der Menschenart. Und diesen Streit der Giganten wollen unsere Kin-
derfrauen beschwichtigen mit dem ‚Eiapopeia vom Himmel'".[153]
Starke Worte, große Bilder, die Freud da benutzte und zum Teil bei
Heine entlehnte.

Die schon mehrfach erwähnten Legierungen sind nur selten
leicht erkennbar. Eine deutliche Legierung liegt – nach Freud – aber
z.B. im Sadismus vor, in dem Sex und Aggression vermengt sind.

„Welcher Mittel bedient sich die Kultur, um die ihr entgegen-
stehende Aggression zu hemmen ... vielleicht auszuschalten?" Die
wichtigste Methode habe er noch nicht erörtert: „Die Aggression
wird introjiziert, verinnerlicht, eigentlich aber dorthin zurückge-
schickt, woher sie gekommen ist, also gegen das eigene Ich gewen-
det. Dort wird sie von einem Anteil des Ichs übernommen, das sich
als Über-Ich dem übrigen entgegenstellt, und nun als ‚Gewissen' gegen das Ich dieselbe strenge Aggressionsbereitschaft ausübt, die das
Ich gerne an anderen, fremden Individuen befriedigt hätte."[144]

M.a.W.: 1. Zunächst ist (beim Todestrieb) die zur Verfügung stehende Aggressionsenergie gegen die eigene Person gerichtet. Dies
würde aber bald zum Tod führen müssen. 2. Deshalb wird die Energie (mit Hilfe des Eros) nach außen gelenkt. 3. Aggressionen gegen andere stören aber das Zusammenleben, werden also in der Regel auch nicht erlaubt. 4. Somit wird die Energie nicht verbraucht;
sie steht nun – so lehrt Freud – dem Über-Ich zur Verfügung und
wird von diesem gegen die eigene Triebbefriedigung eingesetzt.
5. Das so gestärkte Über-Ich fordert vom Ich weiteren Triebverzicht.
6. Das Ich leistet den geforderten Triebverzicht. 7. Somit wird die
Energie nicht verbraucht etc. (wie Punkt 4 oben). 8. Das so gestärkte
Über-Ich etc. (wie Punkt 5 oben). 9. Das Ich leistet etc. (wie Punkt
6 oben) und so weiter ... D.h.: Die Punkte 4 bis 6 können sich
wiederholen und aufschaukeln; sie bilden einen sog. Teufelskreis.

Wir denken im Allgemeinen, dass unsere Moral das Verhalten
bestimmt und z.B. Aggressionen verhindert. Freud hingegen lehrte,
dass der Verzicht auf Aggressionen (Punkte 3, 4 und 5 oben) unsere
Moral bestimmt.

Die Spannungen, die zwischen dem strengen Über-Ich und dem
Ich entstehen, nannte Freud Schuldbewusstsein oder Schuldgefühl,
das sich als Strafbedürfnis äußert. Freud sah das Schuldgefühl
etwas anders als üblich. Wir denken, dass wir Schuldgefühle erleben, wenn wir etwas Böses getan haben. Nach Freud verspüren wir
Schuldgefühle schon allein für die Absicht, Böses zu tun. Aber was

ist das Böse? Oft genug bereitet es uns Vergnügen. Was böse ist, haben andere bestimmt, vor allem die Eltern. Wir übernehmen deren Normen aus Angst vor einem Liebesverlust. „Das Böse ist also anfänglich dasjenige, wofür man mit Liebesverlust bedroht wird."[145] Wenn wir Böses beabsichtigen oder tun, plagt uns das schlechte Gewissen. Dies ist – nach Freud – zunächst nichts anderes als Angst vor dem Liebesverlust, eine soziale Angst. Beim kleinen Kind sei das klar; aber auch bei vielen Erwachsenen sei es noch ähnlich. Deshalb tun sie manchmal dann Böses, wenn sie sich „sicher sind, dass die Autorität nichts davon erfährt". Die Angst dieser Menschen mit einem relativ schwachen Über-Ich „gilt allein der Entdeckung". Bei einem starken Über-Ich ist es anders; in ihm ist die Autorität genügend verinnerlicht. In diesem Fall gibt es wirklich ein Gewissen und zugehörige Schuldgefühle (nicht nur Angst vor dem Liebesverlust).

Ein Paradox kennzeichnet die Gewissensbisse: Sie sind umso heftiger, je tugendhafter der Mensch ist. So beschuldigen sich gerade diejenigen, „die es in der Heiligkeit am weitesten gebracht" haben, der „ärgsten Sündhaftigkeit".[146] Tugendhaftes Leben führt also nicht zum Glück; denn das Über-Ich erkennt ja auch die heimlichen Wünsche und bestraft bereits diese. Gerade Tugendhafte haben viele solcher Wünsche, da diese immer nur unterdrückt statt ausgelebt werden. Der Verzicht auf die Triebhandlung – so Freud – verhindert die Schuldgefühle also nicht; er befreit nicht wirklich.

Denken wir uns ein Beispiel: Ein katholischer Priester lebt streng nach seinen Vorschriften und unterdrückt seine sexuellen Triebregungen. Er wird trotzdem Schuldgefühle erleben – und zwar nahezu permanent, falls er tagtäglich sexuelle Wünsche unterdrückt. Wenn er anderen Leuten predigt, neigt er vielleicht dazu, das Sündhafte und die Schuld des Menschen zu betonen, weil er es bei sich selbst so erlebt. Er findet ein offenes Ohr bei allen, die ähnlich viele Wünsche unterdrücken; er erreicht aber gerade oft die nicht, die er bessern möchte, weil sie ihre Triebregungen ausleben.

Die zeitliche Reihenfolge in unserer Entwicklung ist also: Zunächst leisten wir Triebverzicht aus Angst vor Liebesverlust. Später – nach dem Übergang von der frühen genitalen Phase in die Latenzphase – verzichten wir, weil die Normen introjiziert sind, weil sich m.a.W. ein Gewissen gebildet hat. Wir verzichten auf Triebbefriedigung aus Angst vor dem Gewissen – und werden dennoch wegen unserer „bösen" Wünsche Schuldgefühle haben. „Die Aggression des Gewissens konserviert die Aggression der Autorität." Wenn die Autoritätsperson, z.B. der Vater eines kleinen Jungen, weich und nachgiebig ist, bildet das Kind evtl. ein besonders strenges Über-Ich aus: Weil der Junge wenig Grund hat, gegen den Vater aggressiv zu sein, wendet das Über-Ich des Kindes die Aggressionstriebenergien gegen die eigene Person (in Form eines „aggressiven" Gewissens). Freud nahm bei diesen Gedanken wieder eine phylogenetische Einbettung vor: Das Schuldgefühl müsse aus dem Ödipuskomplex stammen, der in der Vorgeschichte bei der Tötung des Vaters durch die Brüder erworben wurde. Die Söhne liebten und hassten den Urvater; sie töteten ihn aus Hass. Die danach auftretenden Schuldgefühle zeigten an, dass sie den Vater aber auch geliebt hatten (sog. Ambivalenz). Zugleich entstand dabei das Über-Ich – durch Identifikation mit dem Vater, wie Freud etwas hemdsärmelig lehrte. Das Über-Ich (Gewissen) soll Wiederholungen der Tat verhindern. Das ist alles in allem wiederum eine grandiose Spekulation: Triebverzicht ist nötig, um des Zusammenlebens, um der Kultur willen. Wie soeben ausgeführt, steigt aber das Schuldgefühl, wenn wir auf Triebbefriedigungen, d.h. auf unmittelbare Glücksgefühle verzichten. Das macht unser Unbehagen in der Kultur aus.

Schließlich präzisierte Freud 1930[148] noch: Nicht jede Art von Triebverzicht habe die geschilderten Konsequenzen, sondern lediglich der Verzicht auf Aggressionen. Wenn wir hingegen auf Sex verzichten, züchten wir Neurosen mit bestimmten Symptomen, die Freud als Ersatzbefriedigungen für unerfüllte sexuelle Wünsche ansah. Also: Verzicht auf Aggressionen ergibt – nach Freud – Schuldgefühle; Verzicht auf Sex ergibt Neurosen.

Ende der 60er Jahre, d.h. zur Zeit der sog. Sexuellen Revolution, glaubten viele an solche Lehrsätze; dabei wurde allerdings vor allem der von Freud abgelehnte Wilhelm Reich in den Rang eines Propheten erhoben. Reich sah das Heil der Welt im Orgasmus und verlor jeden wissenschaftlichen Boden unter den Füßen, als er eine von ihm angenommene Energie, die er Orgon-Energie nannte, blau flimmern sah – oder war's blaugrün?

Die Schicksalsfrage der Menschheit lautete für Freud jedoch eher: Wie kann man der *Aggressionen* Herr werden? Er hoffte auf die Kraft des Eros in den Trieblegierungen, musste aber die Frage letztlich unbeantwortet lassen.

Machen wir es uns ganz klar: Freuds oft zitierte und im Kern pessimistische Kulturkritik beruht auf zwei Säulen. Es geht 1. um die Ödipustheorie, die eine Vererbung von Erfahrungen (hier des Hasses und der Tötung des Urvaters) voraussetzt und die Entstehung von Schuld und Über-Ich erklären soll; in der Biologie gilt solches Denken als fruchtlos. Es geht 2. um seine Triebtheorie, die in ihrer späten Fassung einen Todestrieb enthält; sie fand nur relativ wenig Anhänger.

5.5 Die Rolle der Antigone

Je älter Sigmund Freud wurde, desto größer wurde die Rolle seiner jüngsten Tochter Anna; dementsprechend wurde er auf sie zunehmend stolz. Sie war „pädagogische Analytikerin" geworden, was auch immer er damit meinte. Zumindest war sie Lehrerin und (Laien)Analytikerin. Niemand wagte, der Tochter des Übervaters aus formalen Gründen die Qualifikation zur Analytikerin abzusprechen. Niemand wagte, heftig Anstoß daran zu nehmen, dass Anna von ihrem Vater analysiert wurde, sich also bei ihm auf die Couch legte. Anna galt als Freuds „Antigone" (Antigone war die getreue Tochter des Ödipus). An solchem Spiel mit der Silbe „An" mag man eine Identifikation Freuds mit Ödipus erkennen. Es fiel ihm relativ schwer zu akzeptieren, dass Anna „nicht geneigt" war zu heiraten, vielmehr Frauenfreundschaften suchte. Es fiel ihm noch schwerer einzusehen, dass er sie durch die Psychoanalyse stark an sich gebunden hatte. 1925 schrieb er: „Ich habe die Furcht, dass ihr (Anna) die unterdrückte Sexualität einmal einen argen Streich spielen kann. Von mir bringe ich sie nicht los ..." Das sind Worte eines Mannes, der zur gleichen Zeit seine Tochter weiter analysierte, also viel tat, die Tochter noch enger an sich und an die Psychoanalyse zu binden. Dabei musste er eigentlich – in Analogie zu seiner Theorie, dass eine allzu starke Mutterbindung männliche Homosexualität förderte (s. seine Konstruktionen zum Lebenslauf Leonardo da Vincis in Kap. 4.6) – davon ausgehen, dass eine übermäßige Vaterbindung zur lesbischen Orientierung beiträgt ... Als 14-Jährige hatte Anna schon an den Mittwochssitzungen der Wiener Analytiker teilnehmen dürfen. 1918 (mit etwa 23 Jahren) begann ihre Analyse beim Vater, aber drei Jahre Behandlung mit sechs Stunden pro Woche erbrachten keine befriedigenden Veränderungen. Diese „inzestuöse"[149] Analyse endete wohl 1922; doch schon 1924 folgte ihr eine zweite. Material aus diesen Analysen wurde von Vater und Tochter in getrennten Veröffentlichungen verwertet.[150] Es ging um eine etwas delikate „Schlagephantasie" der Tochter; der tiefe Sinn ihrer Tagträume, in denen der Vater die Geschwister des Mädchens schlägt, war der leicht zu erratende Wunsch „Der Vater liebt nur mich".[151] Freud analysierte anschließend auch Annas Lebensgefährtin, Dorothy Burlingham, die bei Freuds im Hause lebte. Man kann daher mit Appignanesi und Forrester (1994) süffisant über Vater und Tochter Freud sagen: „Familienleben und Analyse waren eins." Anna wuchs allmählich in die Rolle einer Sekretärin, Krankenschwester und Hüterin des geistigen Erbes ihres Vaters hinein.

5.6 Kleiner Alltag und große Anerkennungen

Wir sind Freuds Leben nun bis etwa 1930 gefolgt. Ab 1929 wohnte eine Frau namens Paula Fichtl als „Mädchen für (fast) alles" bei den Freuds; in der relativ großen Wohnung (je nach Sichtweise 14 bis 20 Zimmer) bekam sie einen dunklen Winkel als Schlafstelle zugeteilt. Im Alter gab sie Informationen über die Privatsphäre der Familie an Detlef Berthelsen weiter, der seine Aufzeichnungen erst nach dem Tod von Anna Freud (1982) – verarbeitet zu dem Buch „Alltag bei Familie Freud" – veröffentlichen durfte (1987[152]). Wenn man der Quelle Glauben schenken darf, war die Ehe von Sigmund und Martha um 1930 ziemlich „freudlos". Eine gewisse Eitelkeit Freuds kann man aus Paula Fichtls Schilderungen entnehmen. So ließ er z.B. jeden Morgen einen Friseur zur Bart- und Haarpflege ins Haus kommen. Fotos durfte vor allem sein Schwiegersohn Max Halberstadt anfertigen, wobei Freud offensichtlich Wert darauf legte, ein ernstes, strenges Gesicht zu machen, „ganz tiefgründiger Forscher".[153]

Aus heutiger Sicht mutet auch der Umgang mit dem Professorentitel im Hause Freud eitel an. Martha, die keinerlei Studium absolviert hatte, war „Frau Professor". Der Titel wurde zu allen passenden und unpassenden Gelegenheiten gebraucht. Anna sagte z.B. zu Paula Fichtl, sie möge zum „Herrn Professor" gehen. In einem Brief an Paula schrieb sie, eine Detonation habe eine Scheibe in „Prof.'s Zimmer ganz zerschmettert", nicht in „meines Vaters" Zimmer. Sogar die Schwägerin Minna Bernays meldete sich am Telefon mit „Frau Professor Freud".[154] Schließlich ließ sich Anna, die nach ihrem Lehramtsstudium keinen weiteren akademischen Grad erworben hatte, „Fräulein Professor" nennen.[155]

Zu den Hobbies Freuds gehörte der Aufbau einer Antikensammlung, in der vor allem ägyptische, etruskische, griechische und römische Kleinkunst vertreten war.

Von Paula Fichtl erfahren wir auch relativ viel über Freud als Hundeliebhaber. Trotz Marthas Abneigung gegen Hunde gab es mindestens einen Chow-Chow als Haustier; Freud hielt Hunde u. a. für gute Menschenkenner. Er meinte, wenn sein Lieblingshund jemanden nicht mochte, so stimmte bei dem etwas nicht.[156]

Manchmal kommentierte Paula Fichtl sogar die Psychoanalyse bzw. die Patienten aus ihrem Blickwinkel heraus: „Die san mit Depressionen ins Haus kommen und genauso deprimiert wieder hinausgangen."[157]

Der Mundkrebs und eine nicht näher diagnostizierte Herzkrankheit machten Freud das Leben schwer; er konnte manchmal kaum noch Treppen steigen oder spazieren gehen, aber er schaffte noch fünf bis sechs Analysestunden pro Tag.

Freuds Ansehen in der Welt stieg immer mehr. Am deutlichsten brachte das die Verleihung des Goethe-Preises der Stadt Frankfurt im Jahr 1930 zum Ausdruck. Da Freud schon gebrechlich war, und eine Prothese im Kiefer ihm beim Sprechen arg zu schaffen machte, nahm Anna Freud den Preis entgegen, der nicht wegen medizinischer oder psychologischer Leistungen verliehen wird, sondern wegen sprachlicher Qualitäten von Texten.

Eine weitere Ehrung ließen ihm die Tschechen zuteil werden, als sie an seinem Geburtshaus in Pribor eine Gedenktafel anbrachten.

1932 forderte Albert Einstein ihn im Namen einer Institution des Völkerbunds, den man als Vorgänger der UNO bezeichnen kann, auf, mit ihm in einen Gedankenaustausch über den Frieden zu treten. Einstein war weltweit *der* Naturwissenschaftler schlechthin. 1922 hatte er den Nobelpreis für Physik erhalten – für eine Arbeit aus dem Jahr 1905. 1926 waren sich Freud und Einstein in Berlin schon einmal begegnet. Über das Gespräch ist wenig bekannt. Allerdings schrieb Freud darüber: „Er ist heiter, sicher und liebenswürdig, versteht von Psychologie soviel wie ich von Physik, und so haben wir uns sehr gut gesprochen ..."[158] Einstein schätzte Freuds sprachliche Talente, nicht aber dessen theoretische Konstruktionen, und er wollte gern „im Dunkel des Nicht-Analysiertseins verbleiben". Jedenfalls schrieb jeder dem andern einen hochoffiziellen Brief, der veröffentlicht werden sollte. Einsteins Brief mit der Titelfrage „Warum Krieg?" fiel kurz aus, während Freud einen langen Brief als Antwort verfasste. Gut, dass Freud damals nicht wusste, was 1928 vorgefallen war: Die Psychoanalytiker hatten wieder einmal versucht, Freud zum Nobelpreis zu verhelfen. Dabei baten sie Einstein um Unterstützung, der dieses Ansinnen knapp, aber entschieden zurückwies.

In dem offiziellen Briefwechsel über Krieg und Frieden differenzierte Einstein das Kernproblem aus und fragte: „Gibt es einen Weg, die Menschen von dem Verhängnis des Krieges zu befreien?" Die Politiker allein könnten dies nicht ... Einstein äußerte zugleich die Überzeugung, eine starke internationale Behörde sei aber dazu vielleicht in der Lage.

Freud hielt insgeheim zwar wenig von dem gemeinsamen Vorhaben und sprach von einer langweiligen und sterilen sog. Diskussion mit Einstein, aber er gab sich in seinen Briefen höflich und sehr interessiert. Er äußerte sich im 1933 veröffentlichten Text pessimistischer als Einstein: Man könne die Aggressionen des Menschen nicht abschaffen. Immerhin fand auch er den Gedanken an eine große Institution wie den Völkerbund nicht schlecht. Aber wichtiger war ihm: Der Krieg „scheint doch naturgemäß, biologisch wohlbegründet, praktisch kaum vermeidbar." Einen solchen Satz sollte man mehrmals Wort für Wort lesen. Freud führte weiter aus: Die Tötung eines Feindes befriedige eine triebhafte Neigung. Vielleicht könne der Völkerbund tatsächlich Kriege verhindern, nicht aber andere Aggressionen; vielleicht könne aber auch der Eros erfolgreicher als bislang gegen den Todestrieb eingesetzt werden. „Gefühlsbindungen unter Menschen" wirken dem Krieg entgegen. Freud stellte seine Motivationspsychologie vor und behauptete, unter der Vielzahl von Motiven seien „gewiss" auch die Lust an der Aggression und Destruktion. Wieder einmal versteckte Freud das Fragwürdige seiner Aussagen hinter der Formulierung „gewiss"; und wieder einmal sind seine Schilderungen projektiv, d.h. sie beschreiben ihn selbst, aber nicht die Menschen insgesamt.

Während Freud in dieser Zeit einerseits von seiner Trieblehre überzeugt schien, schrieb er andererseits 1933 aber auch distanzierend: „Die Trieblehre ist sozusagen unsere Mythologie."[159] Insgesamt äußerte sich Freud – wie schon oft – widersprüchlich; man kann ihn nicht „festnageln". 1938, dies sei hier vorweggenommen, soll Freud – laut Arthur Köstler – mit Hilfe seiner Aggressionstheorie das Verhalten der Nazis interpretiert haben: „ ... sie reagieren die Aggression ab, die sich in unserer Kultur angestaut hat. Etwas dieser Art war früher oder später unvermeidlich."[160] Man müsste Freud dazu aber mindestens zwei Fragen stellen: 1. Wo haben dann z.B. die Schweizer in den letzten 100 Jahren ihre „aufgestauten Aggressionen" gelassen? Antwort unbekannt. 2. Reagierten die Nazis im Zweiten Weltkrieg auch die Aggressionen ihrer Opfer und der tatenlos zusehenden Deutschen ab? Freuds Antwort müsste wohl „ja" lauten, denn er sagte – nach Köstlers Bericht – nicht, dass die Nazis nur ihre eigenen Aggressionen abreagierten, sondern allgemein die Aggressionen „in unserer Kultur". Aber wie soll das vonstatten gehen, dass die Täter auch die Aggressionen ihrer Opfer und der Nichttäter „abbauen"? Am Ende bleibt nur der Eindruck, dass mal wieder eine wortreiche, aber sinnarme Aussage Freuds mächtig imponierte – z.B. einem Intellektuellen wie Arthur Koestler. Und es geht so weiter: Freuds letzter Satz in „Warum Krieg?" lautet „Alles, was die Kulturentwicklung fördert, arbeitet auch gegen den Krieg"; ein schöner Satz vielleicht, aber inhaltlich falsch. Die Zähmung und Züchtung von Pferden förderte ja wohl die Kultur, zugleich aber auch das kriegerische Handwerk. Die Erfindung des Rades trieb die Kultur voran, aber bald ermöglichten Räder auch den Bau von Streitwagen, dann von Panzern und Düsenjägern. Man könnte an das Pulver, an das Dynamit etc. denken. Was immer Menschen erfinden, es wird von Anfang an zum Guten wie zum Bösen verwendet. Freud irrte ganz einfach mit seinem Schlusssatz.

Es wäre gut gewesen, wenn Freud in „Warum Krieg?" irgendwo zum Ausdruck gebracht hätte, dass die Psychoanalyse allein Kriege nicht erklären kann. Viele Wissenschaftler müssten zum Zweck solcher „Kriegserklärungen" zusammenkommen: Historiker, Juristen, Kriminologen, Politologen, Psychologen, Soziologen, Wirtschaftswissenschaftler usw. Auf Psychoanalytiker, die einer Triebtheorie anhängen, kann man dabei gut verzichten.

5.7 Freud und der Nationalsozialismus; letzte Werke; Freuds Tod

Als der Brief„wechsel" veröffentlicht wurde, hatte Hitler gerade das „Tausendjährige Reich" gegründet. Das bedeutete u.a.: Die beiden Briefe zum Thema „Warum Krieg?" durften in Deutschland nicht publiziert werden; der von zwei Juden geschriebene Text war selbstverständlich verboten. Das verstärkte Freuds negative Stimmungen. Er soll von sich gesagt haben, er sei böse, böse auf die Menschheit. Die Menschen seien ein Wolfsrudel, das diejenigen jagt, die ihnen Gutes tun wollen.[161] Aber tun Wölfe das wirklich?

Die Entwicklung des Antisemitismus im Dritten Reich bis hin zum Holocaust sah Freud nicht voraus. Zwei seiner Söhne, die in Deutschland lebten, emigrierten bald. „Vielleicht kommt es nicht allzu schlimm", schrieb Freud; in Österreich werde ohnehin alles menschlicher bleiben, sogar die Nazis (deren oberster Führer aber in Österreich geboren und erzogen worden war). Außerdem lebte Freud in der Gewissheit, die Sieger des Ersten Weltkriegs würden einen Anschluss Österreichs an Deutschland grundsätzlich nicht zulassen, so wie sie schon 1919 den Österreichern das Selbstbestimmungsrecht verweigert und eine damals gewünschte Vereinigung beider Staaten verhindert hatten. Freud war wirklich kein politischer Hellseher, sehr wohl aber ein Pessimist – mit Humor. Am 10. Mai 1933 wurden in Deutschland u.a. Freuds Bücher öffentlich verbrannt. In Berlin geschah das mit den wohlgeformten Worten: „Gegen seelenzerfasernde Überschätzung des Trieblebens, für den Adel der menschlichen Seele! Ich übergebe der Flamme die Schriften des Sigmund Freud."[162] Da zugleich Bücher von Karl Marx, Heinrich Mann, Kurt Tucholsky etc. verbrannt wurden, meinte Freud: „Wenigstens brenne ich in der besten Gesellschaft" und „Was wir für Fortschritte machen! Im Mittelalter hätten sie mich verbrannt, heutzutage begnügen sie sich damit, meine Bücher zu verbrennen." Wir wissen, wie makaber der letzte Satz ist: Vier seiner fünf Schwestern wurden – vermutlich 1942 – in verschiedenen KZs ermordet und ihre Leichen wahrscheinlich verbrannt ...

Heinrich Heine, dessen Werke 1933 auch verbrannt wurden, hatte da rund 100 Jahre vorher psychologisch richtiger geurteilt: „Wo man Bücher verbrennt, verbrennt man auch am Ende Menschen."[163]

Viele Hände streckten sich in der wachsenden Bedrohung aus, Freud in die Schweiz, nach Frankreich, England oder in die USA zu holen; aber er glaubte nicht an eine große Gefahr durch die Nazis. Eine solche Gefahr sah er ganz woanders, und noch 1937 sagte er: „Helfen Sie mir lieber, meinen wahren Feind zu bekämpfen"; er meinte „die Religion, die römisch-katholische Kirche."

Wie ging es denn der Psychoanalyse in Deutschland während des sog. Dritten Reichs? Zunächst wurden die jüdischen Psychoanalytiker aus den offiziellen Verbänden ausgeschlossen. Ein Vetter von Hermann Göring, dem „stärksten" Mann nach Hitler, übernahm die Leitung der Psychoanalytischen Vereinigung; sie wurde umbenannt. Einer ärztlichen Gesellschaft für Psychotherapie stand dann Ernst Kretschmer vor, der eine bis heute beachtete Körperbautypologie erstellte; er trat zurück, als die Nazis die Kontrolle ausüben wollten. C.G. Jung übernahm seine Position, bis auch er 1940 zurücktrat. Jung teilte einige Nazi-Standpunkte, z.B. „Das arische Bewusstsein hat ein höheres Potential als das jüdische". Freud hatte diesen Antisemitismus Jungs, der nun deutlich hervortrat, früh geahnt. Wie dem auch sei, die Psychoanalyse wurde in Deutschland nie ganz verboten; sie musste sich „nur" bemühen, eine deutsche Seelenkunde zu werden.[164]

Wie ging es Freud privat in dieser schweren Zeit?

Immer wieder entwickelten sich in seinem Mund gefährliche Wucherungen, die behandelt werden mussten. Seinem Leibarzt Dr. Schur rang er das Versprechen ab, nie zuzulassen, dass ihn die Krankheit unnötig quälen würde. M.a.W.: Er ließ sich eine Sterbehilfe zusichern. Aber das Rauchen gab er nicht auf. Paula Fichtl kaufte täglich 20 Zigarren für ihren Arbeitgeber.[165]

1936 wurde Freud 80 Jahre alt. Thomas Mann hielt ihm eine Festrede in Wien, an der Freud aber nicht teilnehmen konnte. Der Dichter lobte Freud über den grünen Klee und äußerte die Erwartung, dass die Psychoanalyse die große Angst und den großen Hass unter den Menschen auflösen und so eine zum „Frieden gereifte Zukunft" ermöglichen werde.

In England wurde Freud zum korrespondierenden Mitglied der Royal Society gewählt, was ihn sehr freute. Was ihn aber sehr kränkte, war die Tatsache, dass just Österreich ihn nicht angemessen ehrte; er hatte auf eine bestimmte Medaille für Kunst und Wissenschaft gehofft – vergeblich. Es gab auch relativ lästige Arten von Anerkennungen: Viele wollten ihn interviewen, etliche ihn malen …

Peinlich war es Freud, dass seine Briefe an Wilhelm Fließ, der 1928 in Berlin gestorben war, noch erhalten waren. Zu viel Intimes steckt in ihnen. Seine Anhängerin Marie Bonaparte, Prinzessin, Urgroßnichte Napoleons I., hatte die Briefe in Berlin aufgekauft. Freud wollte die Briefe vernichtet wissen. Die Prinzessin tat ihm den Gefallen nicht. Nach dem 2. Weltkrieg wurden die Briefe zunächst Anna Freud überlassen. Erst 1985 wurden sie von J. Masson unzensiert herausgegeben, als dieser noch zum engen Kreis der Verwalter des Freud-Erbes zählte.

Ende 1937 musste sich Freud wieder einer größeren Operation im Mundraum unterziehen; es ging ihm schlecht. Seinen Humor verlor er aber dennoch nicht, und er schrieb an Arnold Zweig, er läge jetzt „mit Schmerzen und Wärmflaschen auf der Couch …, die für andere bestimmt ist". Am 11.3.1938 trug Freud in sein Tagebuch ein: Finis austriae (das Ende Österreichs). Nun, es war nicht das Ende dieses Alpenstaates; es begann lediglich eine sieben Jahre dauernde Unterbrechung seiner Selbständigkeit. Österreich wurde für diese Zeit ein Teil des Grossdeutschen Reichs. Für Freud war relativ gut vorgesorgt: Die Prinzessin Marie Bonaparte nutzte ihre Verbindungen und kam selbst nach Wien; u.a. rettete sie manches private Dokument aus dem Papierkorb. Der amerikanische Botschafter in Paris beauftragte einen amerikanischen Diplomaten in Wien, sich um die Sicherheit der Freuds zu kümmern, bei denen auch immer noch Annas amerikanische Freundin Dorothy Burlingham aus dem schwerreichen Haus Tiffany, New York, lebte. Sie sollte die US-Botschaft in Wien benachrichtigen, wenn es Probleme mit den Nazis gab. In den USA war sogar der Präsident, F.D. Roosevelt, in die Sorge um Freud eingeschaltet; und in England hatte Jones den Weg für eine Aufnahme Freuds leidlich geebnet. Sehr bald wurde dieser tatsächlich von den Nazis belästigt und seine Wohnung durchsucht. Die Amerikaner setzten sich für Freud ein – bei E. von Weizsäcker, Staatssekretär im Auswärtigen Amt. Freud wollte aber Wien eigentlich gar nicht verlassen; Jones, der deshalb nach Wien kam, konnte ihn jedoch in längeren Gesprächen zur Ausreise überreden, vielleicht auch überzeugen.[166] Da Freud seine Großfamilie einschließlich Haushälterin und Arzt mitnehmen wollte, kam es zu Komplikationen. Die Gestapo erschien noch einmal und legte Freud ein Papier zur Unterschrift vor; es ging um eine Erklärung, er sei gut behandelt worden. Dabei soll Freud wieder in die schönste Ironie verfallen sein: Er habe gebeten, noch einen Zusatz anbringen zu dürfen und habe geschrieben: „Ich kann die Gestapo jedermann aufs beste empfehlen." Weil es für diesen Spaß keinen Beweis gibt, muss man annehmen, dass er vielleicht nur als eine gut zu Freud passende Bosheit erfunden wurde.

Bei Max Schur findet man die etwas überraschenden Informationen, dass auch der italienische Diktator Mussolini zugunsten Freuds interveniert haben soll, und dass sogar ein Nazi (Dr. Sauerwald) „unter beträchtlichem Risiko für sein eigenes Leben" eine hilfreiche Rolle spielte: Er hatte Kenntnis davon, dass Freud ein Testament verfaßt hatte, aus dem der – streng verbotene – Besitz von Geld im Ausland hervorging, aber er verriet Freud nicht, von dem er stark beeindruckt war.[167]

Nach wochenlangem Bangen, das zumindest bei Anna Freud Suizidgedanken aufkommen ließ, durfte als Erste die Schwägerin Minna im Mai 1938 Wien verlassen; am 4. Juni 1938 folgten Sigmund Freud, seine Frau Martha, Tochter Anna, Haushälterin und Hund. Auch Freuds ältester Sohn Martin und seine Tochter Mathilde, jeweils mit Familie, sein Bruder Alexander und Frau reisten ab. Sein Arzt, Dr. Schur, war wegen einer Erkrankung zunächst verhindert, zusammen mit Freud zu emigrieren, konnte aber bald nachkommen. Freuds vier Schwestern blieben in Wien zurück. Bei Berthelsen findet sich der mehrdeutige Satz: „Angeblich reichte das Geld nicht aus", die vier Frauen „im Ausland mit zu unterhalten." Man überließ ihnen aber „160.000 Schilling für ihren Lebensabend im Nazi-Reich",[168] in dem sie bald ermordet wurden.

Die Reise Freuds führte über Paris nach London. Auf dem ersten Teilstück bis zur deutsch-französischen Grenze bei Kehl begleitete ein amerikanischer Diplomat die Familie. Eine Ärztin vertrat Dr. Schur; Freud litt unter einer Eisenbahnphobie und erreichte England nur mit Hilfe starker Medikamente. In London warteten viele Leute, vor allem Journalisten, auf Freud, der geschickt abgeschirmt wurde.

Die erste Wohnung in London gefiel Freud so sehr, dass er am liebsten dankbar „Heil Hitler" gerufen hätte ...[169] Viele Leute besuchten ihn, u.a. der „Wolfsmann" (nach dem Suizid seiner Frau), aber auch der extravagante surrealistische Maler Salvador Dali, der wiederholt psychoanalytische Gedanken in seine Bilder hineingeheimniste.

Freud war körperlich schwach; man musste ihn im Haus die Treppen hinauftragen; aber er spürte bald wieder Kraft zu arbeiten, zu schreiben. Viel Zeit blieb ihm allerdings nicht mehr. Sein Arzt Dr. Schur, der mit nach England geflüchtet war, entdeckte 1938 wieder eine Geschwulst im Mund seines Patienten. Eine ziemlich große Operation war nötig, zu der Freud auch noch seine Einwilligung gab. Die Operation brachte nicht die erhoffte Wende. Die Großfamilie zog noch einmal innerhalb Londons um – in ein Haus, in dem man, so gut es ging, die Wiener Wohnung nachstellte.

Freud schrieb damals u.a. noch an einem Text, den er schon seit 1934 bearbeitete. Es ging wieder einmal um jene große Figur, mit der er sich manchmal identifizierte: um Moses. Zunächst trug die Schrift den Arbeitstitel „Der Mann Moses, ein historischer Roman". Das dreiteilige Werk erschien aber schließlich 1939 unter dem Titel „Der Mann Moses und die monotheistische Religion". Freud machte aus dem Idol der Israeliten einen Ägypter und versuchte so, den in Österreich und Deutschland gerade heftigst verfolgten Juden einen zentralen Gründungsvater ihrer Religion wegzunehmen. Viel härter konnte man die Juden in ihrer schwersten Zeit kurz vor dem Holocaust nicht verletzen. Freud wusste um die Schwäche seiner Argumente und hatte durchaus Bedenken wegen der zu erwartenden Reaktionen. Als vom Inhalt einiges vorab bekannt wurde, suchten namhafte Juden den Autor auf und baten ihn, die Studie mit ihren Irrtümern nicht zu veröffentlichen. Aber Freud ging wieder von der „wissenschaftlichen Wahrheit" seiner Meinungen aus. Als wahr galt ihm vor allem, dass die Religionen von Menschen erschaffen sind und keine Spur von Heiligkeit aufweisen. Freud griff alle Religionen an und stufte sie als Menschheitsneurosen ein, als umfassende psychische Krankheiten. Das war so neu nicht mehr. Die Schrift mit ihrer allzu kühnen Umdeutung des Moses fand wenig Anerkennung. Der von Freud immer wieder bemühte Lamarckismus, der in dieser Arbeit dazu dienen musste, die Behauptung zu ermöglichen, dass Juden von Generation zu Generation Schuldgefühle weitergeben, war zu weit vom wissenschaftlich Vertretbaren entfernt.

Während der Arbeit an den letzten Schriften wurden Freud verschiedene Ehrungen zuteil. Er fühlte sich vorübergehend wieder wohl und hatte einige Analysepatienten. Aber das Karzinom zeigte sich erneut; eine weitere Operation schien nicht möglich; man versuchte eine Therapie mit Röntgenbestrahlungen. Da blieb ihm noch ein halbes Jahr. Er verbarg seine Schmerzen, so gut er konnte. Bewundernswert sind die Worte, die er noch für seine Situation fand: „Es ist kein Zweifel mehr, dass es sich um einen neuen Vorstoß meines lieben alten Carcinoms handelt, mit dem ich seit 16 Jahren die Existenz teile."[170] Doch die Kräfte verließen ihn; er wurde apathisch; Anna pflegte ihn. Den Ausbruch des Zweiten Weltkriegs erlebte er noch, auch einen – irrtümlich ausgelösten – Fliegeralarm. Freud wusste um seinen baldigen Tod und wünschte eine Abkürzung des Verfallsprozesses. Am 21.9.1939 erinnerte er seinen Arzt an das gegebene Versprechen. Man informierte Anna, und Dr. Schur

gab dem Kranken, als er wieder starke Schmerzen hatte, so viel
Morphium, dass Freud zunächst schmerzfrei wurde, dann einschlief
und nach wiederholter Injektion nicht mehr erwachte. Freud starb
am 23.9.1939. Seine Asche wurde in einem antiken Gefäß bestat-
tet.[171]

6 Freuds „wissenschaftliches Testament"

Durch den Tod blieb eine Schrift, die einige als Freuds wissenschaftliches Testament bezeichnen,[172] ein Fragment. Freud wollte einen kurzen, prägnanten „Abriss der Psychoanalyse" erstellen; wobei er sich im englischen Vorwort auf eine „unendliche" Zahl von Beobachtungen und Erfahrungen berief und wieder der alten Verteidigungsrichtlinie folgte, wonach nur ein Psychoanalytiker die Psychoanalyse beurteilen kann. Der Text wurde aus dem Nachlass veröffentlicht, nachdem man einige Sätze ergänzt hatte.

Der „Abriss" gibt uns die Gelegenheit, wesentliche Inhalte seiner Lehre zu wiederholen bzw. verbliebene Lücken etwas zu schließen. Auch der „Abriss" besteht aus drei Teilen: I. Die Natur des Psychischen. II. Die praktische Aufgabe. III. Der theoretische Gewinn.

Teil I enthält fünf Kapitel. Das erste hat die Überschrift „Der psychische Apparat". Freud setzte zweierlei voraus (man könnte von „Axiomen" sprechen):

1. Das Gehirn mit dem Nervensystem ist das körperliche Organ der Psyche.

2. Unsere Bewusstseinsinhalte sind uns unmittelbar gegeben und können uns durch keinerlei Beschreibung näher gebracht werden.

„Alles dazwischen ist uns unbekannt."

Ältester Teil des „Apparats", der psychischen Struktur ist das Es. Darin enthalten ist alles Ererbte, vor allem die Triebe. Aktivierte Triebe lassen uns zunächst Unlust, bei ihrer Befriedigung dann Lust erleben.

An diesen Thesen Freuds sind Zweifel angebracht. Wenn wir bei aktiviertem Nahrungstrieb hungrig und zu einer guten Mahlzeit eingeladen sind, verspüren wir vielleicht sogar Lust bei steigendem Hungergefühl. Oder – um ein Freud näher stehendes Beispiel zu wählen: Wenn unser Sexualtrieb aktiviert ist, verspüren wir auch in „Schritten", die dem Orgasmus vorausgehen, Lust; man denke an das sog. Vorspiel.

Noch während der frühen Kindheit bildet sich das Ich und bald danach aus dem Ich heraus das Über-Ich als dritte Instanz oder Schicht. Im Über-Ich wirken elterliche Einflüsse fort; sie vermitteln nicht zuletzt „Familien-, Rassen- und Volkstradition". Das Ich muss den Anforderungen von Es, Über-Ich und Realität genügen. Freud nahm an, dass auch höher entwickelte Tiere mit relativ langer Kindheit diese psychische Struktur aufweisen; aber er nannte keine Tierart beim Namen.

Das 1. Kapitel fiel knapp und dogmatisch aus. Für große, gesetzesartige Aussagen wurden keine Belege geliefert. Freud schrieb gleichsam „ex cathedra": Seine Sätze sollen nicht angezweifelt werden.

Das 2. Kapitel „Trieblehre" behandelt den dynamischen Aspekt des Psychischen. Die Kräfte, welche die Bewegung im Psychischen erzeugen, sind die Triebe. Wir begegnen einem weiteren Axiom: Alles Psychische ist determiniert; nichts ist beliebig. Vor allem unbewusste Kräfte und Mechanismen bestimmen uns. Bei guter Psycho-Analyse zeigen sich überall, z.b. auch in den Fehlleistungen, bedeutungvolle Zusammenhänge.

Das Kapitel enthält die letzte Fassung von Freuds Trieblehre, die allerdings nach 1920 keine wesentliche Abänderung erfahren hatte. Freud meinte, man könnte eine unbestimmte Zahl von Trieben unterscheiden; er wollte sie aber auf wenige Triebe reduzieren und habe sich „entschlossen, nur zwei Grundtriebe anzunehmen, den Eros und den Destruktionstrieb". Im Eros sind Selbst- und Arterhaltung vereint. Der Eros will aufbauen und erhalten, der Destruktionstrieb will „das lebende in den anorganischen Zustand" zurückführen. „Wir heißen ihn darum auch Todestrieb." Die beiden Grundtriebe wirken gegeneinander oder kombinieren sich miteinander. Zum Essen gehören einerseits Zerstörung des Essbaren (Todestriebanteil) und andererseits Selbstaufbau durch die Einverleibung (Erosanteil); und über den Sexualakt lesen wir, er sei „eine Aggression mit der Absicht der innigsten Vereinigung". Wie schon früher angemerkt, kann man diese Formulierung als Projektion ansehen; d.h. sie sagt mehr über Freud als über das allgemeine Sexualverhalten aus.

Eine Fußnote weist auf den Philosophen Empedokles (ca. 495–435) hin, weil dieser ein ähnliches Paar von Grundmotiven benannte: Liebe und Hass (bzw. Streit).

Im Text folgt in merkwürdigem Deutsch eine schlichte Erklärung extremen menschlichen Verhaltens: „Ein stärkerer Zusatz zur sexuellen Aggression führt vom Liebhaber zum Lustmörder, eine starke Herabsetzung des aggressiven Faktors macht ihn scheu oder impotent."[173] War sich Freud bewusst, dass er hier üblem Männlichkeitswahn Vorschub leistete? Man kann die zitierte Passage so verstehen: Sei aggressiv beim Sex, sonst wirst du impotent.

Die Energie des Eros, Libido genannt, neutralisiert im Allgemeinen die Destruktionsenergie. Für diese Energie fehlt ein eigener Name; E. Weiss schlug 1935 „Destrudo" vor, konnte sich damit aber nicht durchsetzen. Freud wusste um eine besondere Schwäche seiner Trieblehre: Er konnte die Wege (die „Schicksale") der Libido relativ gut verfolgen, die des Destruktionstriebs kaum. Es folgt ein

Satz wie ein Peitschenschlag: „Zurückhaltung von Aggression ist überhaupt ungesund, wirkt krankmachend." Welche Krankheit bricht denn bei Mangel an aggressivem Handeln aus? Wer hat hierzu systematische Studien durchgeführt? Es gibt keine nähere Erläuterung von Freud; der Satz steht da mit großer Suggestionskraft. Er impliziert: Wenn du gesund bleiben willst, so sei aggressiv. Können sich Hochaggressive noch eine bessere Hilfestellung aus der Psychologie erhoffen als diese?

Etwas später lesen wir, die Libido habe „unverkennbar" somatische Quellen. Auch jetzt dürfen wir uns nicht den Schneid zur Kritik durch das eindruckheischende Wort „unverkennbar" abkaufen lassen, wenn wir die behaupteten „Quellen" nicht erkennen. Wo sind sie denn? Zur Antwort erhalten wir: Sie seien in den erogenen Zonen gegeben, mit dem Zusatz „aber eigentlich ist der ganze Körper eine solche erogene Zone".[175] Das ist „eigentlich" ein ganz schönes Verwirrspiel. Doch erliegt so mancher Leser dem Charme der Freudschen Sprache – und übersieht die Vagheit, die Mehrdeutigkeit und Widersprüchlichkeit dieser Formulierungen.

Im dritten Kapitel geht es um „Die Entwicklung der Sexualfunktionen". Nach Freud stehen der landläufigen Meinung, Sex beginne erst mit der Pubertät und diene im Koitus der Fortpflanzung, drei Erfahrungen entgegen: Es gibt schon bei Kindern sexuelle Erregungen; es gibt Homosexualität; es gibt perverses Sexualverhalten. Die Psychoanalyse habe zusätzlich dreierlei erkannt: Das Sexualleben beginnt bald nach der Geburt; „sexuell" umfasst mehr als „genital" (z.B. der Schuhfetischist, der einen Schuh streichelt, verhält sich schon sexuell, aber noch nicht genital); Sexualität umfasst Lustgewinnung aus verschiedenen Körperzonen, die „nachträglich in den Dienst der Fortpflanzung" gestellt wurden.

Nun folgt im „Abriss" eine Darstellung der Freudschen Entwicklungslehre: Die ersten Phase ist die orale Phase (os = Mund). Die dominierende erogene Zone ist der Mundraum. Bei der Befriedigung spielt die Nahrungsaufnahme (zunächst über die Mutterbrust) eine Hauptrolle, im Zusammenhang damit das Lutschen (z.B. Daumenlutschen). Weil das Lutschen Lustgewinn bringt, darf es der Sexualität zugerechnet werden. Mit den ersten Zähnen wird Beißen möglich, damit auch sadistisches Verhalten, weshalb Freud von der oral-sadistischen Phase sprach. Sadistische Phänomene gehen auf Mischungen beider Hauptriebe zurück (s.S.). Sie sind – angeblich – in der folgenden zweiten Phase noch viel deutlicher, weshalb diese meist anal-sadistische Phase genannt wird (anal = zum After gehörig). In ihr wird Befriedigung u.a. durch Aggression gesucht. Freud diskutiert in diesem Text überraschenderweise nicht den möglichen analen Lustgewinn für Kinder, obgleich der Analbereich als erogene Zone gilt.

Kritisch muss man anmerken, dass es grundsätzlich kaum zweckmäßig ist, eine anale Phase anzunehmen. Die von Freud beobachteten Phänomene waren wahrscheinlich nur Folgen einer übertriebenen Reinlichkeitsdressur. Man sollte z.B. das Zurückhalten von Ausscheidungen nicht leichtfertig als Aggression interpretieren; denn es ist aus der Aggressionsforschung bekannt, dass Eltern, die ein bestimmtes Verhalten ihrer Kinder als Aggression gegen sich einstufen, manchmal zu sehr starken (Gegen-)Aggressionen neigen.

Die Kinder machen in dieser Altersstufe u.a. so große motorische und sprachliche Fortschritte, dass die Bezeichnung „anale Phase" als grober Fehlgriff angesehen werden muss.

Die dritte Phase ist die sog. phallische. Da Phallos (griech.) das (erigierte) männliche Glied bezeichnet, erkennt man, dass Freud etwas auf die Entwicklung von Jungen fixiert war; er meinte, dem Kind bliebe das weibliche Genitale lange unbekannt. Von anderen Wissenschaftlern behauptete Beobachtungen frühzeitiger Vaginalerregungen tat Freud damit ab, dass diese wahrscheinlich Erregungen an der Klitoris waren, „einem dem Penis analogen Organ", womit ihm die Bezeichnung „phallisch" auch bei Mädchen gerechtfertigt erschien. Hier wird deutlich, dass Freud die weibliche Sexualität nicht so ernst nahm wie die männliche. Dies trug ihm den Vorwurf der Androzentriertheit (Zentrierung auf das Männliche) ein. Der Name „phallische Phase" wird inzwischen meist durch „frühe genitale Phase" oder „ödipale Phase" ersetzt. Denn nun tritt der Junge auch in die „Ödipusphase" ein. Er begleitet seine Spiele am Penis mit „Fantasien von irgendeiner sexuellen Betätigung" mit der Mutter, bis er durch eine Kastrationsdrohung und den Anblick eines „kastrierten" Menschen, d.h. eines Mädchens oder einer Frau, „das größte Trauma seines Lebens erfährt". Dieses Trauma leitet eine Zeit relativer Ruhe in der Sexualentwicklung ein, die sog. Latenzzeit.

Mädchen erkennen in der frühen genitalen Phase ihren „Penismangel" und erleben eine „Klitorisminderwertigkeit".

Interessanterweise ließ Freud die Latenzphase im „Abriss" aus. Vergaß er sie bei den ersten Notizen zum neuen Buch? Hätte er sie bei einer Überarbeitung eingefügt? Oder wurde sie ihm zur Un-Phase? Sie war ja tatsächlich insofern eine Leer-Phase, als sie nach seiner Auffassung keine Weiterentwicklung der Libido brachte.

Mit der Pubertät beginnt die letzte der von Freud konzipierten Entwicklungsphasen: die späte genitale Phase. In ihr befinden sich der jugendliche und der erwachsene Mensch.

Das vierte Kapitel handelt von den drei „psychischen Qualitäten": dem Bewussten, dem Vorbewussten und dem Unbewussten. Als erste Qualität wird das Bewusstsein genannt, das nach Freuds

Meinung viele – auch bedeutende Psychologen wie W. Wundt – mit dem Psychischen gleichsetzen. Freud wollte es um das Unbewusste ergänzen, und er lehrte, im Unbewussten gebe es Teile, die leicht bewusst gemacht werden können: das sog. Vorbewusste oder Bewusstseinsfähige. Die anderen Teile können dagegen nur durch besondere Bemühungen bewusst werden, z.B. durch Traumdeutungen. Oft sind dabei starke Widerstände zu überwinden.

Freud verknüpfte diese drei Qualitäten mit den drei Instanzen oder Schichten. Das Ich beherbergt das Bewusste und große Teile des Vorbewussten; aber bestimmte Ich-Teile – wie die sog. Abwehrmechanismen – sind unbewusst. Im Es gibt es nur Unbewusstes, z.T. als verdrängtes Material, also etwas, das einmal bewusst war, aber vom Ich verdrängt werden musste (z.B. die sexuelle Liebe des kleinen Jungen zur Mutter). Dem Über-Ich sprach Freud die Qualität des Vorbewussten zu – ohne nähere Begründung.[176]

Das fünfte Kapitel hat den Titel „Erläuterung an der Traumdeutung". Im Traum drängt sich unbewusstes Material dem Ich auf, dessen (unbewusste) Anteile den latenten Inhalt entstellen. Neben solchen vom Es gespeisten Träumen soll es aber auch solche aus dem Ich heraus geben: Eine im Wachleben unbefriedigte Strebung erfährt im Schlaf „eine Verstärkung durch ein unbewusstes Element".

Träume reproduzieren oft Eindrücke aus der frühen Kindheit. Manchmal soll es auch Träume geben, die man als „Teil der archaischen Erbschaft" ansehen muss. Freud vermied zwar die von C.G. Jung benutzten Bezeichnungen wie „kollektives Unbewusstes", meint aber sehr Ähnliches. Der Traum werde so zu einer beachtlichen Quelle der menschlichen Vorgeschichte.

Die Kritik daran haben wir schon (Kap. 3.5) geäußert.

Teil II des Freudschen „Testaments" heißt „Die praktische Aufgabe", und das sechste Kapitel ist überschrieben „Die psychoanalytische Technik". Wie kann man psychische Krankheiten heilen? Antwort: Das Ich muss gestärkt werden; es hat ja die übermächtig erscheinende Aufgabe, dem Es, dem Über-Ich und der Realität Genüge zu tun. Die Psychoanalyse will also dem Ich helfen. Anregungen entnimmt sie allen Mitteilungen des Patienten, seinen freien Assoziationen, Träumen, Übertragungen, Fehlleistungen usw. Deutungen müssen vorsichtig gehandhabt werden. Richtige, aber verfrüht gegebene Deutungen sind nicht hilfreich; sie rufen Widerstand hervor.

Auf jeden Fall ist – nach Freuds Meinung – das Ich der Neurotiker schwach; und die Patienten verraten ein Krankheits- oder Leidensbedürfnis. Das Ich verbraucht seine Kräfte in der Abwehr von Es- und Über-Ich-Impulsen. Die Therapie muss die verdrängten Inhalte ins Bewusstsein rufen, damit sie ihr Störpotential verlieren.

„Wo Es war, soll Ich werden." So wird Heilung möglich, behauptet Freud. Dass er Beweise schuldig bleibt, überrascht nicht mehr.

Im siebten Kapitel „Eine Probe psychoanalytischer Arbeit" bringt Freud knappe Aussagen über Neurosen. Neurosen haben – anders als z.B. Infektionskrankheiten – keine spezifischen Ursachen. Die Übergänge zwischen „normal" und „neurotisch" sind fließend. Allerdings erleben Neurotiker mehr Unlust, Angst, Schmerzen und mehr Leidensgefühle. Neurosen werden in der frühen Kindheit angelegt (s. Wolfsmann); Symptome treten evtl. erst viel später auf. Das Kind ist also der „Vater des Erwachsenen", auch mit Bezug auf die Neurose. Freud sah jedoch Ausnahmen: Durch starke Ängste bei Unfällen, Verschüttungen können traumatische Neurosen ohne Wurzeln in der Kindheit entstehen. Aber im Regelfall bilden sich Neurosen im Kindesalter, weil das Ich dann noch schwach ist; begünstigt werden psychische Erkrankungen durch ungünstige genetische Dispositionen.

Die Symptome, die sich bilden, sind – nach Freud – „entweder Ersatzbefriedigung irgendeines sexuellen Strebens oder Maßnahmen zu ihrer Verhinderung, in der Regel Kompromisse zwischen beiden". Leider folgt keine konkrete Darstellung. Möglich ist folgendes Beispiel: Ein Junge, der eigentlich masturbieren möchte, wird von seinem Über-Ich daran gehindert und entwickelt einen Zwang, seinen Penis zu waschen. Das ist eine Verhinderung von befriedigender Sexualität, zugleich aber doch auch eine Art Ersatzbefriedigung, da es zu Berührungen des Penis kommt; und schließlich kann man dieses Symptom auch als Kompromiss zwischen Triebwunsch und Über-Ich interpretieren. Bleibt noch die Frage, welche Ereignisse in der frühen Kindheit so traumatisch sind, dass das Kind in seiner Entwicklung behindert wird: Die Urszene (s. S. 5) und sexuelle Misshandlungen können pathologisch wirken. Diese Erfahrungen werden nicht perfekt genug verdrängt, wirken im Unbewussten weiter und können Symptome als Anzeichen einer Neurose bedingen.

Teil III trägt die Überschrift „Der theoretische Gewinn" und beginnt mit Kapitel acht „Der psychische Apparat und die Außenwelt". Hier bekennt sich Freud ausdrücklich zur Naturwissenschaft. Er behauptet, die Psychologie[177] auf einer ähnlichen Basis errichtet zu haben, wie sie z.B. die Physik aufweise. Interessant ist, dass sich viele seiner Nachfolger hiervon distanzieren – aber nicht, weil sie Freuds Leistung geringer einschätzen als er selber, sondern weil das Bekenntnis zur Naturwissenschaft auch naturwissenschaftliche Kontrollen der Psychoanalyse erfordern würde. Aber davor fürchten sich die meisten Epigonen wie der Teufel vor dem Weihwasser. Sie möchten lieber völlig unverbindlich über die Psyche plaudern; ihren Jargon der Beliebigkeit nennen sie „hermeneutisches" Vorgehen.[178]

Freud ging davon aus, dass das normale vom abnormen Seelenleben nicht wirklich abgegrenzt werden kann; deshalb glaubte er, durch das Studium der Störungen auch das Normalpsychische ergründen zu können – und umgekehrt. Er sah den normalen Traum als „flüchtige Seelenstörung", als „kleine Psychose" an, und er glaubte, in der Traumdeutung *den* Schlüssel zum Verständnis der seelischen Erkrankungen – und damit des Seelischen überhaupt – in der Hand zu haben.

Freud nahm einen „räumlich ausgedehnten"(!) psychischen Apparat an, bestehend aus ES, Ich und Über-Ich. Wir verzichten hier auf Wiederholungen. Interessant ist die Frage: Könnte man Neurosen vermeiden, wenn man Kindern die Verdrängung ersparte, „also das kindliche Sexualleben frei gewähren ließe, wie es bei vielen Primitiven geschieht"?[179] Leider wird nicht vermeldet, für welche „Primitiven" das eigentlich zutreffen soll. In der Zeit der sog. sexuellen Revolution um 1970 wurden solche diffusen Behauptungen aufgegriffen: Einige Wortführer verlangten freie Sexualentfaltung für Kinder, um psychische Erkrankungen zu vermeiden. Daraus leiteten Erwachsene mit sexueller Neigung zu Kindern (sog. Pädophile) eine Rechtfertigung ihres Tuns ab: Sexuelle Kindesmisshandlungen wurden als Hilfe für die sexuellen Bedürfnisse der Opfer interpretiert.

Freud blieb vage: Er wies die sexuelle Freizügigkeit für Kinder nicht deutlich zurück, er forderte sie aber auch nicht ausdrücklich. Immerhin weiß man aber, dass er Kultur nur durch Einschränkung der Triebe als möglich ansah.

Im „Abriss" nutzte er nun die Gelegenheit, einen Begriff zu erörtern, dem er den Namen „Sublimierung" gab. Nach Freud kann sexuelle Energie entsexualisiert werden; sie befähigt uns dann zur Kulturarbeit. M. a. W.: Durch die Sublimierung werden sexuelle Wünsche nicht direkt, sondern auf einem Umweg durch gesellschaftlich geschätzte Handlungen befriedigt. Was wir tun, ist – nach Freud – selten eine direkt erkennbare Umsetzung sexueller Energie, aber es ist dennoch fast immer eine Leistung „auf Kosten der Sexualität".[180] Ein Beispiel in Anlehnung an W. Schraml (1968): Jedes Kind hat als Partialtrieb die Neigung, Sexuelles zu beobachten; das kann zu „Doktorspielen" führen. Dank einer Sublimierung mag beim Erwachsenen daraus – ein Interesse am lustvollen Betrachten von Kunstwerken werden. Es gibt keine empirischen Bestätigungen für das Sublimierungskonstrukt. Wie sollte man es überprüfen? Sind die mittelalterlichen Buchmalereien deshalb in Klöstern angefertigt worden, weil dort besonders viel sublimiert wurde? Oder sollte man bei einer Erklärung nicht besser daran denken, dass man – da es noch keine Schulung für jedermann gab – nur in Klöstern des Lesens und Schreibens (und Malens) kundig war? Beruht das Lebenswerk Michelangelos auf gigantischen Sublimierungen? Dafür könnte man Gründe anführen! Aber wie konnte Picasso sein riesiges Werk schaffen, wo er doch offensichtlich sexuell nicht sonderlich viel Askese zeigte? Die Rede von der Sublimierung hat etwas von einer Zauberformel an sich: „Simsalabim" – und aus dem Sexualtrieb wird die Energie für die Arbeit des Atomphysikers oder des Pianisten oder des Kochs oder des eifrig lesenden Studenten gewonnen. Wenn man es blind glaubt, klingt es gar nicht so unwahrscheinlich.

Freud wollte – trotz seines Bekenntnisses zu den Naturwissenschaften – keine empirischen Überprüfungen; sie waren ihm ein Gräuel. Einem Testkonstrukteur, der ihm eine „Arbeit über Verdrängung" zugeschickt hatte, schrieb er, er habe die experimentellen Arbeiten zur Prüfung psychoanalytischer Behauptungen mit Interesse zur Kenntnis genommen; sehr hoch könne er aber diese Bestätigungen nicht einschätzen, denn „die Fülle sicherer Beobachtungen, auf denen jene Behauptungen ruhen, machte sie von der experimentellen Prüfung unabhängig. Immerhin, sie kann nicht schaden."[181]

Man beachte: Psychoanalytische Behauptungen beruhen nicht nur auf einer *Fülle* von Beobachtungen, nein, sogar auf einer Fülle *sicherer* Beobachtungen … Wer wagt da noch einen Widerspruch? Wer wagt da noch kleinlaut die Frage zu stellen, wo denn diese sicheren Beobachtungen dokumentiert sind? Es gab und gibt sie nicht!

Freud wurde wegen der Sublimierung stark angegriffen: Erstens ist das Wie völlig vage, und soll zweitens hinter jeder kulturell akzeptablen Leistung letztlich nichts als Sex versteckt sein? Wenn man Freuds Lehre für verbindlich hält, muss alle Kultur auf sublimierte Sexualität zurückgehen. Wir sollten differenziertere Motivationslehren beachten; es gibt sie.[182]

Verdrängung und Sublimierung sind sog. „Abwehrmechanismen", die dem Ich die Abwehr von Ängsten ermöglichen (vor Gefahren aus der Umwelt oder aus dem Es).

Im Kapitel acht wird noch ein weiterer Abwehrmechanismus beschrieben, genannt „Verleugnung", auch „Leugnung der Realität": Ein Teil der Aussenwelt wird verleugnet. Eine Frau nimmt z.B. alle Hinweise dafür nicht wahr, dass ihre Tochter vom Vater sexuell missbraucht wird. Oder: Viele Deutsche nahmen im Zweiten Weltkrieg die Judenverfolgungen nicht wahr …

Abwehrmechanismen weisen im Allgemeinen nur Teilerfolge auf; deshalb können nach geraumer Zeit schließlich doch noch psychische Störungen auftreten.

Ein sehr kurzes neuntes Kapitel „Die Innenwelt" beschließt den „Abriss". Freud konnte das Buch nicht zu Ende schreiben. Vielleicht wollte er auch noch seine Angsttheorie vorstellen, da er den

(Angst-)Abwehrmechanismen relativ viel Platz einräumte, und er war es, der die Angst zu einem Thema der Psychologie machte. Das ist ein bleibendes Verdienst Freuds. Unbestimmt ist der Anteil, der dabei auf W. Fließ zurückgeht.[183] Genau betrachtet, stellte Freud zwei Angsttheorien auf: eine frühe (1894/95 mit Fließ) und eine späte (1926), die hier skizziert sei. In dem Text „Hemmung, Symptom und Angst" von 1926 sah er das Ich als Stätte der Angst. Alles beginnt mit der Geburtsangst; sie ist die Urangst. Ängste signalisieren Bedrohung, Gefahr. Wer sich ängstigt, kann vielleicht noch das Schlimmste verhüten. Angst führt zur Abwehr, vor allem zur Verdrängung von Triebimpulsen. Denn meist kommen die Bedrohungen aus dem eigenen Triebleben: Das Es will einen Trieb befriedigen lassen; das Über-Ich will diese Tendenz oft verbieten. Das Ich hat nun offensichtlich einen schweren Stand: Es wird vom Es bedrängt; wegen des Drucks vom Über-Ich bildet sich Schuldangst, Schuldgefühl. Doch auch aus der Realität kommt Bedrohliches, so dass Realangst entsteht. Das Ich bedient sich – unbewusst – der sog. Abwehrmechanismen, wenn es um Gefahren aus dem Triebleben geht. Die Verdrängung z.B. versucht, die Impulse ins Es zurückzudrängen. Wie schon gesagt: Dies gelingt oft nur mangelhaft, und später kommen die Impulse verwandelt als Symptome wieder. Angst ist also kein Symptom; Angst geht den Symptomen voraus.

Der Name „Abwehrmechanismus" wurde von Anna Freud gewählt. Sie legte unter dem Titel „Das Ich und die Abwehrmechanismen" 1936 zugleich auch eine Systematik dieser Mechanismen vor. Wir wollen uns hier auf einige Anmerkungen beschränken. Als erster Abwehrmechanismus wurde die Verdrängung (von Sigmund Freud) „entdeckt". Sie gilt auch bei Kritikern als gutes Konstrukt. Das Verdrängte arbeitet nach psychoanalytischer Lehre in uns weiter, z.B. in den Träumen und in den Fehlleistungen. Der Mechanismus ist also recht erfolglos. In Konflikten, die dem ursprünglichen ähneln, kann das Verdrängte wieder durchbrechen, evtl. verkleidet als Symptom. Man denke noch einmal an den Jugendlichen (S. 99), der Onaniewünsche verdrängt hatte und einen genitalen Waschzwang entwickelte.

Erwähnung verdient noch die Projektion als Abwehrmechanismus. Eine Person, d.h. ihr Ich, nimmt Impulse aus dem eigenen Es so wahr, als kämen sie von einer anderen Person – und bekämpft sie evtl. beim anderen heftig. Beispiel: Ein aggressives Kind äußert starke Furcht vor Aggressionen anderer Kinder, die es dann evtl. – in sog. Selbstverteidigung – angreift. Schlimm wird es, wenn mächtige Politiker projizieren und in einem anderen Staat die „Welt des Bösen" sehen, gegen die man hochrüsten muss.

Relativ unstrittig mutet die „Rationalisierung" als Abwehrmechanismus an. Gemeint ist eine intellektuelle Rechtfertigung eines Verhaltens, das objektiv nicht gut begründet ist. Wer ein protziges Auto fährt, um damit sein schwaches Selbstwertgefühl aufzubessern, wird vielleicht auf eine drohende Bandscheibenschädigung hinweisen, die – in Anbetracht der vielen Fahrten – nur durch einen bequemen großen Wagen vermieden werden kann. Oder man muss mehr als ein Glas Bier trinken, weil das Essen so scharf war ... weil man bei Hitze viel trinken soll etc. Rationalisierungen sind mehr oder weniger gute Ausreden, wie sie z.B. auch dutzendfach in längeren politischen Stellungnahmen erkennbar sind. Alle Saure-Trauben-Reaktionen sind Rationalisierungen: Als der Fuchs in der Fabel die zu hoch hängenden Trauben nicht ins Maul bekam, „verzichtete" er bekanntlich, weil sie „zu sauer" waren. Aber laufen unsere Rationalisierungen wirklich so unbewusst ab, wie es die psychoanalytische Lehre schildert? Wir dürfen es bezweifeln.

Abwehrmechanismen gelten nicht grundsätzlich als etwas Pathologisches; jeder von uns rationalisiert irgendwann.

Die Forschung hat einige Abwehrmechanismen empirisch stützen können, z.B. die Projektion, die Reaktionsbildung und die Verleugnung, aber nicht die Sublimierung.[184]

6.1 Selbstkritik und Fremdkritik

Freud fand im Alter erstaunlich kritische Worte zur Psychoanalyse als Therapie; z.B. schrieb er (1937), man dürfe nicht überrascht sein, „wenn sich am Ende herausstellt, dass der Unterschied zwischen den nicht Analysierten und dem späteren Verhalten des Analysierten doch nicht so durchgreifend ist, wie wir es erstreben, erwarten und behaupten ..."[185]

Wer ablehnend zur Psychoanalyse steht, wird Freuds Satz etwas abwandeln und sagen: „Am Ende hat sich herausgestellt, dass zwischen Analysierten und Nicht-Analysierten kein Unterschied erkennbar ist; aber das war auch nicht anders zu erwarten ..."

Brisantes Material über Freuds Leben und damit für die Psychoanalyse liegt mit an Sicherheit grenzender Wahrscheinlichkeit noch in Archiven. Man kann es sich in Deutschland kaum vorstellen: Im Freud-Archiv (Washington, USA) werden Dokumente von Freud aufbewahrt, die bis zum Jahr 2113 nicht veröffentlicht werden dürfen.[186] Darunter soll sich ein Brief von Breuer befinden. Sulloway (1992) nennt diese Geheimniskrämerei ganz einfach „paranoid".

Spätere namhafte Analytiker(innen) können in einem kurzen kritischen Text über Freud kaum berücksichtigt werden. Nur Anna

Freud wurde hier wiederholt genannt. Sie bemühte sich, die Lehre ihres Vaters möglichst rein zu tradieren. Böse Zungen sagen, dass sie durch Zensur (etwa bei den Briefen ihres Vaters) manches verfälscht habe. Die Kritik an Anna Freud könnte ein anderes Buch füllen.

Hier stand Sigmund Freud im Mittelpunkt. Er ist der bekannteste Psychologe. Deshalb sollte jeder Sozialwissenschaftler über Freuds Leben und Werk informiert sein. Dabei gebührt der Kritik an Freud und an der Psychoanalyse ein großer Raum. Die Psychoanalyse hat Kritik an ihrem Lehrgebäude immer wieder abgelehnt; z.B. hat Alexander Mitscherlich 1970 Kritik an der Psychoanalyse als Ausdruck von Neid(!) interpretiert, als Neid auf entgangenes Glück bei der Wahrheitssuche. Er fährt mit sattem Pathos fort: „Wir wollen festhalten und keine Abstriche dulden: diese von Sigmund Freud begründete Wissenschaft der Psychoanalyse ist den Deutschen – nicht einer großen Zahl, den meisten Deutschen, nein: den Deutschen – fremd und unzugänglich geblieben ..." Den Deutschen! Gab und gibt es wirklich so auffallend wenige Deutsche, die Psychoanalytiker sind oder der Psychoanalyse nahe stehen? War der Psychoanalytiker Mitscherlich etwa kein Deutscher? Seine Sätze erinnern stark an die berühmte logische Paradoxie des Epimenides, der gesagt haben soll: „Alle Kreter sind Lügner"; Epimenides war ein Kreter.

An den psychoanalytischen Legenden wird immer noch weitergestrickt. Eine große Schwäche der Psychoanalyse, die sie wohl selbst für eine Stärke hält, besteht darin, dass sie auf jede Frage eine Antwort weiß; kaum eine Psycho-Diskussion im Fernsehen ohne einen nahezu allwissenden Analytiker, der an (un)passender Stelle ein Kaninchen namens Ödipus aus dem Zylinder zieht.

Die Kritik an der Psychoanalyse ist so bunt wie die Psychoanalyse selber;[188] die Inhalte der Kritik sind z.T. vornehm-zurückhaltend, z.T. vernichtend.

Dabei zeigt sich, dass die klassische Psychoanalyse in ihrer 100-jährigen Geschichte als Langzeittherapie keine überzeugenden Erfolge aufzuweisen hat. Dennoch wird die Psychotherapie, die sich Psychoanalyse nennt, von den Krankenkassen anerkannt und bezahlt. In der Wirksamkeit wird sie jedoch von anderen Therapiearten, z.B. von der Verhaltenstherapie übertroffen.

Auch das vorliegende Buch ist sehr kritisch gegenüber Freud. Das ist nötig, denn gefeiert wird er ohnehin reichlich; die Psychoanalytiker lassen keine Gelegenheit dazu aus. Kritik aber scheinen sie kaum zur Kenntnis zu nehmen; das ist ihre gut durchdachte Strategie. Stattdessen wiederholen sie fast gebetsmühlenartig aufgebauschte oder gar unwahre Behauptungen über große Verdienste

Freuds: dass er Tabus gebrochen, die kindliche Sexualität und das Unbewusste entdeckt habe usw. Er soll in die Tiefen der Seele eingedrungen sein, und deshalb nennen sich die Psychoanalyse und verwandte Ansätze gerne „Tiefenpsychologie". Manchmal scheint *Tiefen*psychologie darin zu bestehen, dass man *Tiefschläge* anzubringen versucht: Da werden Argumente gegen die Psychonalyse als „magisch-zwangsneurotische Geste" eingestuft und dunkel drohend wird angedeutet, man erkenne beim Kritiker „fetischistische Komponenten".[189]

Es gibt in deutscher Sprache auch schon ein ganzes Buch gegen die Kritiker, doch deren Hauptargumente bleiben darin unbeachtet; der Autor, Thomas Köhler, versucht, auf „Nebenkriegsschauplätzen" kleine Scharmützel zu gewinnen und darüber so groß zu berichten, dass von den Hauptthemen abgelenkt wird.

Er, der die Anti-Freud-Literatur zurückweisen will, verbeißt sich z.B. in die Tatsache, dass einer der Freud-Kritiker (Ellenberger) allzu positive Aussagen über C.G.Jung macht; und Köhler schreibt dann, dass Ellenberger „die Leser mit belanglosesten Banalitäten überhäuft, die wissenschaftshistorisch interessanten Fragen jedoch übergeht." Spürt der Autor, dass genau dieses Urteil sein eigenes Buch prägnant zusammenfasst? Er hat viele Worte geschrieben, aber keins ist in der Lage, z.B. die fundamentale Kritik am Versagen der Therapie bei „Anna O." und beim „Wolfsmann" oder die Kritik an den Ungereimtheiten der Traumdeutung und der Interpretationen von Fehlleistungen zu widerlegen.

Dass die Fundamente, auf denen die Psychoanalyse ruht, bröckelig sind, hält man – so gut es geht – verborgen; doch wer sie unvoreingenommen betrachtet, erkennt, dass sie nicht für den Bau eines soliden wissenschaftlichen Gebäudes taugen. Der Kritiker Eysenck irrte allerdings furchtbar, als er 1985 vom (Niedergang und) Ende der Psychoanalyse schrieb. Nein, die Psychoanalyse ist nicht am Ende; sie lebt und wird uns erhalten bleiben; der Schornsteinfeger bringt uns weiterhin Glück; die Astrologie sagt uns weiterhin die Zukunft voraus; und die Psychoanalyse ist gewiss so unsterblich wie andere Märchen auch.

Wahrscheinlich wäre es schon relativ still um die Psychoanalyse geworden, wenn sie nicht von solchen Personen (außerhalb der Psychologie) immer wieder ernst genommen würde, die Interesse an einer einfachen psychologischen Theorie haben. Vor allem Journalisten und Schriftsteller, Philosophen und Soziologen halten so die Psychoanalyse am Leben. Sie füttern Zombies, kann man in der Sprache der Horrorfilme sagen. Hoimar von Ditfurth hat die verbreitete Neigung, das psychoanalytische Vokabular (z.B. „Verdrängung", „Fehlleistung") bei allen (un)passenden Gelegenheiten zu benutzen, aufgespießt: das „Bildungspublikum" glaube, so den Nimbus der „Eingeweihten" zu gewinnen.[190] Man kann ergänzen: Auch die Benutzung psychoanalytischer Thesen (z.B. dass jedes Sichversprechen eine tiefere Bedeutung habe) dient wohl dem Zweck, als Wissender in „Tiefen"psychologie zu gelten.

Auf eine besonders auffällige „Krücke", die der kränkelnden Psychoanalyse von außen verliehen wurde, sei in diesem Zusammenhang noch hingewiesen: Man kann ja verstehen, dass Schriftsteller Anleihen bei der Psychoanalyse machen, solange sie glauben, diese erfasse menschliches Leben adäquat. Aber eines Tages – im Jahr 1976 – ergab sich Folgendes: Ein Autor namens N. Kiell veröffentlichte ein Buch über die Mannigfaltigkeit sexueller Erfahrungen. Für dieses Werk sammelte er in der Romanliteratur von Balzac und Zola bis Updike und Grass Stellen, die zur psychoanalytischen Lehre passen; und er sieht diese Stellen als Belege für die Gültigkeit der Freudschen Theorien.

Was ist hier passiert? Die Psychoanalyse beeinflusst moderne Autoren mehr oder weniger deutlich. Soweit diese nun Passagen produzieren, die der psychoanalytischen Lehre entsprechen, werden solche Textstellen als Hinweise auf den Wahrheitsgehalt der Psychoanalyse verstanden! Dies ist ein schönes Beispiel dafür, dass man sich zu Ostern mit seinen Kindern riesig freuen kann, wenn man die Eier wiederfindet, die man kurz zuvor als Osterhase selbst versteckt hat.

Es ist nicht möglich vorauszusagen, wie man in 100 Jahren über Freud denken wird: Wird er noch als Begründer einer Psychotherapieschule, der Psychoanalyse, vorgestellt? Ich gehe davon aus, dass man ihn tatsächlich noch als einen nennen wird, der sich Verdienste um die Entwicklung der ersten Psychotherapien erworben hat. Das wäre nicht wenig! Oder wird er vielleicht in eine Reihe mit Religionsstiftern gestellt werden? Oder assoziiert man seinen Namen locker zu Dr. Eisenbarth?

Mit solchen Fragen kommen wir zu einem Schlussgedanken: Ist Freud die Persönlichkeit aus dem deutschen Sprachraum, über die am meisten wissenschaftlich gearbeitet worden ist? Wer könnte es sonst sein?[191] Was die Ausstrahlung auf die Produktion in Literatur und Kunst anbelangt, so steht ein anderer bislang obenan: Dr. Johann (Georg) Faust, der um 1500 deutsche Lande mit seinen magischen Künsten überzog. Etliche Faust-Dramen, fünf Faust-Opern und eine Faust-Ouvertüre (von R. Wagner) gibt es beispielsweise schon; Vergleichbares steht m.W. für Freud noch aus. Wer so viel Aufmerksamkeit von Wissenschaft, Literatur und Kunst auf sich gezogen hat wie Freud und Faust, muss wohl genial gewesen sein. Genial in welcher Hinsicht? Lassen wir die Frage offen.

Literatur

Abraham, Nicolas & Torok, Maria (1979) Kryptonymie. Das Verbarium des Wolfsmanns. Frankfurt: Ullstein

Appignanesi, Lisa & Forrester, John (1994, engl. 1992) Die Frauen Sigmund Freuds. München: Paul List

Aristoteles: In der Übersetzung von Ueberweg, Friedrich (1875) Aristoteles. Über die Dichtkunst. Leipzig: Erich Koschny

Bally, Gustav (1961) Einführung in die Psychoanalyse Sigmund Freuds. Reinbek: Rowohlt

Berthelsen, Detlef (1989) Alltag bei Familie Freud. Die Erinnerungen der Paula Fichtl. München: dtv

Borch-Jacobsen, Mikkel (1997) Anna O. zum Gedächtnis. Eine hundertjährige Irreführung. München: Wilhelm-Fink

Breuer, Josef & Freud, Sigmund (1895) Studien über Hysterie. Wien

Busse, Gerd (1993) „Ein großer wilder Mann mit Cocain im Leib." Psychologie heute, 20, H.10, 52–57

Butler, Stephen F., Demmin, Herbert & Strupp, Hans H. (1995) Psychodynamic Psychotherapy. In: L.A.Heiden & M.Hersen (Hrsg.) Introduction to Clinical Psychology. New York: Plenum Press

Clark, Ronald W. (1981) Sigmund Freud. Frankfurt: Fischer

Ditfurth, Hoimar von (1989) Innenansichten eines Artgenossen. Düsseldorf: Claassen

Ellenberger, Henri F. (1972) The Story of „Anna O": A Critical Review with New Data. J. of the History of the Behavioral Sciences. VIII; No.3, 267-279

Ernst, Heiko (2000) Psychologie der Abwehrmechanismen: „Ich bin okay, du bist ein Schwein". Psychologie heute, 27, H.1, 44–51

Eschenröder, Christof T. (1984) Hier irrte Freud. München. Urban & Schwarzenberg

Eysenck, Hans J. (1985) Sigmund Freud. Niedergang und Ende der Psychoanalyse. München: List

Fölsing, Albrecht (1993) Albert Einstein. Frankfurt: Suhrkamp

Freud, Anna (1922) Schlagephantasie und Tagtraum. In (1980) Die Schriften der Anna Freud. München

Freud, Anna (1936) Das Ich und die Abwehrmechanismen. Wien: Intern. Psychoanal. Verlag

Freud, Anna (1972) Vorwort. In: M.Gardiner (Hrsg.)

Freud, Sigmund (1884) Ueber Coca. Centralblatt für die gesammte Therapie, 2, 289–314

Freud, Sigmund (1900) Die Traumdeutung. Ges. Werke II/III

Freud, Sigmund (1901) Zur Psychopathologie des Alltagslebens. Ges. Werke IV

Freud, Sigmund (1905) Drei Abhandlungen zur Sexualtheorie. Ges. Werke V

Freud, Sigmund (1909) Analyse der Phobie eines fünfjährigen Knaben. Ges. Werke VII

Freud, Sigmund (1910) Eine Kindheitserinnerung des Leonardo da Vinci. Ges. Werke VIII (Neuauflage 1990; Frankfurt/Main: Fischer)

Freud, Sigmund (1913) Totem und Tabu. Ges. Werke IX

Freud, Sigmund (1918) Aus der Geschichte einer infantilen Neurose. Ges. Werke XII

Freud, Sigmund (1919) Ein Kind wird geschlagen. Ges. Werke XII

Freud, Sigmund (1920) Jenseits des Lustprinzips. Ges. Werke XIII

Freud, Sigmund (1927) Die Zukunft einer Illusion. Ges. Werke XIV

Freud, Sigmund (1930) Das Unbehagen in der Kultur. Ges. Werke XIV

Freud, Sigmund (1933) Warum Krieg? Ges. Werke XVI

Freud, Sigmund (1937) Der Mann Moses und die monotheistische Religion. Ges. Werke XVI

Freud, Sigmund (1940[1938]) Abriss der Psychoanalyse. Ges. Werke XVII

Gardiner, Muriel (1972) (Hrsg.) Der Wolfsmann vom Wolfsmann. Frankfurt: Fischer

Gay, Peter (1988) „Ein gottloser Jude." Frankfurt: Fischer

Geha, R.E. (1988) Freud as Fictionalist. In: P.E. Stepansky (Hrsg.) Freud: Appraisals and Reappraisals. Vol. 2. Hillsdale, NJ, The analytic Press

Gelfand, T. & Kerr, J. (Hrsg.) (1992) Freud and the History of Psychoanalysis. Hillsdale, NJ: Analytic Press

Heinz, Rudolf (1974) Buchbesprechung. Psyche, 28, 87–90

Hetzer, Hildegard (1989) Gilt das Tagebuch eines halbwüchsigen Mädchens auch heute noch als „kleines Juwel", wie Freud es bezeichnet hat? Unsere Jugend, 41, 365–369

Israels, Han (1992) Freuds Fantasien über Leonardo da Vinci. Luzifer – Amor, 10, 8-41

Israels, Han (1997) Sigmund Freud – ein pathologischer Lügner? Psychologie heute, 24, H.9, 47–49

Israels, Han (1999) Der Fall Freud. Hamburg: Europäische Verlagsanstalt

Jaspers, Karl (1950) Vernunft und Widervernunft in unserer Zeit. München: Piper

Jones, Ernest (1960–62) Das Leben und Werk von Sigmund Freud. Bern: Huber

Kern, Stephen (1979) Freud und die Entdeckung der kindlichen Sexualität. Kindheit 1, 215–238

Kershaw, Jan (1998) Hitler 1889–1936. Stuttgart: Deutsche Verlags-Anstalt

Kiell, N. (1976) Varieties of Sexual Experience. New York: International Universities press

Köhler, Thomas (1996) Anti-Freud-Literatur von ihren Anfängen bis heute. Stuttgart: Kohlhammer

Kretschmer, Wolfgang (1982) Psychoanalyse im Widerstreit. München: Ernst Reinhardt

Krieger, Rainer, Sommer, Michael & Ströbl, Ch. (1997) Tabellenführer Freud. Psychologie heute, H.8, 10–11

Krüll, Marianne (1979) Freud und sein Vater. München: Beck

Kulessa, Hanne (Hrsg.)(1987) Tagebuch eines halbwüchsigen Mädchens. Frankfurt: Suhrkamp

Mahony, Patrick (1992) Freud as Family Therapist. In: T.Gelfand & J.Kerr (Eds.)

Malinowski, Bronislaw (1962) Geschlecht und Verdrängung in primitiven Gesellschaften. Reinbek: Rowohlt

Marcuse, Ludwig (1956) Sigmund Freud. Hamburg: Rowohlt

Masson, Jeffrey M. (1984) Was hat man dir, du armes Kind, getan? Reinbek: Rowohlt

de Mazzeri, Silvia Alberti (1990) Leonardo da Vinci. München: W. Heyne

Obholzer, Karin (1980) Gespräche mit dem Wolfsmann. Reinbek: Rowohlt

Paglia, Camille (1992) Die Masken der Sexualität. München: Byblos

Perrez, Meinrad (1972) Ist die Psychoanalyse eine Wissenschaft? Bern: Huber

Pohlen, Manfred & Bautz-Holzherr, Margarethe (1995) Psychoanalyse – das Ende einer Deutungsmacht. Reinbek: Rowohlt

Popper, Karl R. (1969, 3.A.) Logik der Forschung. Tübingen: Mohr

Rheinberg, Falko (2000, 3. A.) Motivation. Stuttgart: Kohlhammer

Schraml, Walter (1968) Einführung in die Tiefenpsychologie. Stuttgart: Klett

Schur, Max (1982) Sigmund Freud. Leben und Sterben. Frankfurt/ Main: Suhrkamp

Schweighofer, Fritz (1987) Das Privattheater der Anna O. München: Ernst Reinhardt

Stephan, Inge (1992) Die Gründerinnen der Psychoanalyse. Stuttgart: Kreuz

Sulloway, Frank J. (1982) Freud. Biologe der Seele. Köln-Lövenich: Maschke

Sulloway, Frank J. (1992) Reassessing Freud's Case Histories. In: T.Gelfand & J.Kerr (Hrsg..)

Thornton, Elisabeth N. (1983) Freud and Cocaine: The Freudian Fallacy. London: Blond & Brigg

Uthmann, Jörg von (1994) Ödipus bei den Dollaronkels. Frankfurter Allgemeine Zeizung, 30. April 1994

Wollschläger, Hans (1978) Die Gegenwart einer Illusion. Zürich: Diogenes

Zentner, Kurt (1965) Illustrierte Geschichte des Dritten Reiches. Stuttgart: Deutscher Bücherbund

Zimmer, Dieter E. (1986) Tiefenschwindel. Reinbek: Rowohlt

Anmerkungen

1. Marcuse, S.14.
2. „Dass alle wesentlichen Entdeckungen und Erkenntnisse der Psychoanalyse auf Freud zurückgehen", übernimmt Marcuse (S.45) von Victor von Weizsäcker..
3. So mehrmals von Paula Fichtl (nach Berthelsen) erwähnt.
4. Dies ist nur schwer rekonstruierbar; über die zweite Frau gibt es zu wenige Informationen.
5. Bei der Diskussion von Freuds wichtigstem Fall, dem sog. Wolfsmann, kommen wir auf dieses Thema zurück.
6. 1979, S.148.
7. a.a.O. S.155.
8. Clark, S.46.
9. Marcuse, S.48.
10. u.a. „Die Welt als Wille und Vorstellung", 1844.
11. Nitzschke 1998.
12. Narzissmus: hier wohl am besten mit Selbstliebe, Selbstverliebtheit übersetzt.
13. nach Paula Fichtl in Berthelsen, S.60.
14. Clark, S.46.
15. Es fällt einem lernpsychologisch Geschulten schwer, hier nicht an Iwan Pawlow zu denken, der wenige Jahre später bei Studien über den Speichelreflex des Hundes die Lehre vom Klassischen Konditionieren entwickelte..
16. Brief vom 15.11.1883.
17. Eine Habilitationsschrift ist so etwas wie eine zweite Doktorarbeit, nur noch anspruchsvoller..
18. Busse, S.57.
19. Der Name lautet nach einigen Quellen: Ernst von Fleischl-Marxow.
20. Sulloway, S.57.
21. Borch-Jacobsen, S.145; gleicher Text bei Israels, S.76 bzw.109.
22. Clark, S.80.
23. Wir haben stattdessen heute z.B. gehäuft Fälle von Bulimie, die

sich durch einen Wechsel von „Fress- und Brechattacken" aus-
zeichnen.

[24] s. Israels, S.169.

[25] Sulloway, S.76.

[26] Dass Sigmund Freud dabei ein religiöses Bedürfnis seiner Frau
unterdrückte, kann man daran erkennen, dass Martha nach
FreudsTod zu dem Brauch mit den Sabbatkerzen zurückkehrte
(s. Appignanesi & Forrester, S.65) Wie Martin Freud später berichten wird, feierte man in der Familie Weihnachten – wie die
Christen – mit kerzengeschmücktem Baum und Ostern mit bunten Ostereiern (zitiert nach Gay, S.132).

[27] Gay, S.8.

[28] Clark, S.115.

[29] Schur, S.124 .

[30] Sulloway, S.98.

[31] Aristoteles, S.8.

[32] Später werden sich die Massenmedien wie Film, Fernsehen und
Video darauf beziehen und behaupten, dass ihre stumpfsinni-
gen Gewaltdarstellungen die Gewaltneigungen in Zuschauern
reduzieren; dies ist die sog. Katharsishypothese zur Wirkung
von Massenmedien. Wir können dazu hier nur kurz anmerken:
Gewaltdarstellungen reduzieren Gewaltneigungen nicht; viel
spricht dafür, dass sie Gewalt fördern.

[33] Breuer, zitiert nach Bally, S.244.

[34] z.B. Schweighofer, S.79.

[35] Borch-Jacobsen, S.71.

[36] Schweighofer, S.63.

[37] Schweighofer, S.146.

[38] Busse, S.163.

[39] z.B. Butler et al..

[40] Anna Freud (1972) im Vorwort zu M.Gardiner (Hrsg.).

[41] Clark, S.138.

[42] Sulloway (1992), S.157.

[43] Anna Freud (1936) S.15.

[44] Sulloway, S.113 .

[45] Freud, Drei Abhandlungen S.86.

[46] Sulloway, S.387.

[47] Freud „Zur Geschichte der psychoanalytischen Bewegung"
1914 (nach Clark, S.148).

[48] Clark, S.150.

[49] Studien über Hysterie (nach Clark, S.155).

[50] Clark, S.159.

[51] Sulloway, S.153.

[52] Clark, S.178.

53 „Verführungstheorie" ist angesichts des gewalttätigen Verhaltens, das Kindesmisshandlungen kennzeichnet, eine allzu beschönigende Formulierung.
54 Sulloway, S.266.
55 Schur, S.235.
56 Masson, S.25.
57 Nach Clark, S. 184.
58 Freud, Traumdeutung S.9.
59 Aus Christian Morgensterns Gedicht „Die unmögliche Tatsache".
60 Clark, S.188.
61 S. dazu H. Israels 1999.
62 Clark, S.189.
63 Masson, S.136ff.
64 Näheres bei Krüll, S.77ff, 148.
65 Schraml, S.95.
66 Kerenyi, S.77.
67 Freud, Abriss … S.39.
68 S. z.B. Popper 1969.
69 S. auch Bally, S.116.
70 Abriss … S.40.
71 Traumdeutung, S.293.
72 L.c. S.295.
73 L.c. S.295.
74 L.c. S.296.
75 L.c. S.299.
76 Sulloway, S.490.
77 Eschenröder, S.137.
78 Clark, S.219.
79 Psychopathologie … S.7.
80 Psychopathologie … S.19.
81 Nach H.Israels (1997, S.48) bzw. P.Swales gibt es Hinweise darauf, dass Freud selber der Mann mit der Furcht vor einer Schwangerschaft war..
82 Eysenck, S.153.
83 Clark, S.250.
84 Drei Abhandlungen … S.35.
85 L.c. S.41.
86 L.c. S.64.
87 L.c. S.52.
88 L.c. S.86.
89 Berthelsen, S.132.
90 Clark, S.354.
91 Marcuse, S.132.

92 Clark, S.365.
93 Clark, S.375.
94 Nach Lamarck (1744–1829): Lehre von der Vererbung erworbener Eigenschaften..
95 Clark, S.388.
96 Israels (1992).
97 pubes = Schamhaar, Schambereich; Text zitiert nach Israels (1992), S.11.
98 de Mazzeri (1987).
99 Paglia (1992).
100 Freud „Totem und Tabu", S. 8.
101 Krüll, S.217.
102 Krüll, S.218.
103 Hier sei nur vorweg angedeutet, dass Moses später noch einmal Gegenstand einer groben Verzerrung durch Freud wurde: in dem 1939 veröffentlichten Buch „Der Mann Moses und die monotheistische Religion".
104 Clark, S.411.
105 Sulloway, S.642.
106 Deutsche Ausgabe 1970, S.394.
107 Clark, S.425.
108 Sulloway, S.600.
109 Sulloway, S. 531 f.
110 Clark, S.432.
111 Clark, S.443.
112 Clark, S.319.
113 L.c. S.7.
114 L.c. S.9.
115 L.c. S.192.
116 L.c. S.210.
117 S.S. 5 hier.
118 Coitus a tergo = Koitus in der Position: Mann hinter der Frau.
119 L.c. S.223.
120 L.c. S.224.
121 L.c. S.265.
122 L.c. S.274.
123 L.c. S.235.
124 L.c. S.254. Dieses Versprechen war, da eine Therapie nie mit Sicherheit zu einer Heilung führt, unzulässig, also ein „Kunstfehler".
125 L.c. S.296.
126 L.c. S.297.
127 L.c. S.158.
128 Masson, S.14.

[129] Obholzer, S.67.
[130] Abraham & Torok, S.110.
[131] L.c. S.116.
[132] Allerdings streiten sich z.Z. weitaus mehr als hundert sog. „Psychotherapien" um die Fleischtöpfe; damals waren es nicht viel mehr als die Therapieschulen von Freud, Adler und Jung.
[133] Appignanesi & Forrester, S.298.
[134] Arnold et al., S.526.
[135] Das Es ist aber nicht identisch mit dem Unbewussten, denn nachFreud gibt es unbewusste Anteile auch im Ich, nämlich die sog. Abwehrmechanismen; später mehr dazu.
[136] Clark, S.496.
[137] Clark, S.527.
[138] Die Zukunft ... S.129.
[139] Clark, S. 530.
[140] Wollschläger, S.27.
[141] Das Unbehagen ... S.148.
[142] L.c. S.158.
[143] L.c. S.162.
[144] L.c. S.163.
[145] L.c. S.164.
[146] L.c. S.166.
[147] L.c. S.172.
[148] L.c. S.181.
[149] P. Mahony (1992), S.307.
[150] S.Freud (1919) „Ein Kind wird geschlagen"; A.Freud (1922) „Schlagephantasie und Tagtraum" .
[151] Näheres dazu u.a. bei I.Stephan, S. 294ff.
[152] 1987 bei Hoffmann & Campe, 1989 im dtv erschienen.
[153] Berthelsen, S.46.
[154] Berthelsen, S.35.
[155] Berthelsen, s.91, 108.
[156] Berthelsen, S.34.
[157] Berthelsen, S.51.
[158] Fölsing: Albert Einstein, S.735.
[159] Neue Folge ... 1933.
[160] Clark, S.552.
[161] Clark, S.548.
[162] Zitiert nach Zentner, S.300.
[163] Zitiert nach Kershaw, S.611.
[164] Lück, S.16.
[165] Berthelsen, S.44.
[166] Berthelsen, S.68.
[167] Schur, S.586.

[168] Berthelsen, S.69 und 75.
[169] Clark, S.578.
[170] Clark, S.591.
[171] Berthelsen, S.90.
[172] Z.B. Nitzschke.
[173] Abriss ... S.12.
[174] Ob man will oder nicht: Die Psychoanalyse ist eine psychologische Theorie.
[175] L.c. S.14.
[176] Wie schwer man sich mit den Begriffen tun kann, beweist der psychoanalytisch versierte Walter Toman, der das Über-Ich „unbewusst" nennt.
[177] Freud müsste hier schreiben: die Psychoanalyse.
[178] Besonders lesenswert ist dazu H.v.Ditfurth (1989).
[179] L.c. S.79.
[180] L.c. S.79.
[181] Eschenröder S.17.
[182] Zur Übersicht s. Rheinberg (2000).
[183] Sulloway, S.258.
[184] Eine knappe Übersicht findet man bei H. Ernst (2000).
[185] Clark S.525.
[186] Appignanesi & Forrester, S.14.
[187] Dafür nur ein kleiner Beleg: Von 463 befragten Studienanfängern in Giessen konnten spontan 81% Freud, 18% Jung und 14% Pawlow als „Psychologen" nennen (Krieger, Sommer & Ströbl 1997).
[188] Im Vorwort werden etliche Kritiker/innen namentlich genannt.
[189] R.Heinz gegen Meinrad Perrez.
[190] l.c. S.306.
[191] Sehen wir hier einmal von Hitler ab, mit dem Freud – bei aller Kritik – nach einer gängigen Metapher nicht „in einem Atemzug genannt" werden sollte.

Personenregister

Sachregister

A

Abwehrmechanismen 99, 102, 103, 104, 108, 109, 117
Aggression 5, 49, 50, 76, 77, 81, 82, 83, 84, 85, 87, 88,
90, 96, 97, 98, 99, 100, 103
Aktualneurose 31
anal-sadistische Phase 50, 66, 97, 98
Analytische Psychologie 54
Angst 20, 38, 39, 41, 51, 52, 65, 66, 67, 75, 79, 83, 90,
100, 102, 103

B

Bewusste, das 24, 98, 99

E

erogene Zone 27, 49, 50, 97
Eros 77, 81, 82, 84, 88, 96
Es, das 18, 76, 77, 78, 95, 99, 101, 102, 103, 104

F

Fehlleistung 3, 27, 44, 45, 46, 57, 60, 64, 96, 99, 103, 106
freie Assoziation 25, 26, 40, 41, 43, 46, 47, 99
frühe genitale Phase 66, 98

G

Gegenübertragung 26, 54
Grundregel 25, 26, 43

H

Homosexualität 14, 48, 49, 56, 57, 85, 97
Hypnose 13, 15, 19, 20, 23, 24
Hysterie 13, 14, 16, 20, 22, 24, 27, 28, 29, 30, 31, 32,
108, 114

Verführungstheorie 3, 30, 31, 32, 33, 34, 35, 37, 115
Verhaltenstherapie 51, 52, 105
Vorbewusste, das 98, 99

W

Widerstand 26, 42, 43, 47, 49, 65, 99

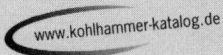